Spanish Version

새 연세한국어 듣기와 읽기 1

별책부록

Compresión auditiva y lectura del **Nuevo Yonsei Coreano**

연세대학교 한국어학당 편

연세대학교 대학출판문화원

Prefacio

El Instituto de Enseñanza del Lenguaje Coreano de la Universidad de Yonsei, que se estableció por primera vez en Corea para la docencia a extranjeros en 1959, tiene una historia de 60 años. El Instituto de Enseñanza del Lenguaje Coreano de la Universidad de Yonsei ha estado liderando la educación de la lengua coreana a la altura de su historia y reputación compilando varios libros de texto e investigaciones coreanos. Hemos enseñado coreano y cultura coreana aproximadamente a 140.000 estudiantes de alrededor de 147 países de todo el mundo. En los últimos años, hemos estado recibiendo una gran respuesta de los estudiantes no solo por las clases presenciales, sino también las clases de MOOC global. En concreto, estamos haciendo continuos esfuerzos para desarrollar nuevos métodos y materiales de enseñanza de acuerdo a un entorno educativo que cambia rápidamente.

El Instituto de Enseñanza del Lenguaje Coreano de la Universidad de Yonsei ha estado desarrollando los mejores libros de texto que corresponden a las necesidades de los estudiantes al abrir varios cursos tales como cursos regulares, cursos intensivos y cursos de lenguaje coreano para estudiantes que tienen un propósito general, así como estudiantes coreanos con fines específicos. Estos libros de texto satisfacen las diversas necesidades de los docentes y los estudiantes de los institutos de enseñanza del lenguaje coreano en Corea y también en el extranjero, y son ampliamente utilizados para una enseñanza y un aprendizaje de buena calidad.

El Instituto de Enseñanza del Lenguaje Coreano de la Universidad de Yonsei ha publicado la serie 'Nuevo Yonsei Coreano' como un nuevo libro de texto después de 'Yonsei Coreano', con niveles del 1 a 6, que ha estado recibiendo la mejor crítica. Para desarrollar este libro de texto, se han involucrado profesionales y profesores de enseñanza del lenguaje coreano con mucha experiencia en el campo de la educación del coreano y el trabajo de desarrollo se ha llevado a cabo durante mucho tiempo teniendo como base el mejor método de enseñanza de coreano y las necesidades del grupo de aprendizaje.

La serie 'Nuevo Yonsei Coreano', publicación presente, consta de 6 niveles en total, que consisten en los apartados de 'Vocabulario y gramática', 'Conversación y escritura' y 'Compresión auditiva y lectura' en cada etapa. El libro 'Vocabulario y gramática del Nuevo Yonsei Coreano' se compone principalmente de la comprensión y la aplicación del vocabulario y la gramática más importante que los estudiantes de coreano deben dominar en cada nivel. El libro 'Conversación y escritura del Nuevo Yonsei Coreano' contiene especialmente tareas de habla y escritura para que puedan realizar las funciones expresivas necesarias para una comunicación fluida en coreano. Además, el libro

‘Comprensión auditiva y lectura del Nuevo Yonsei Coreano’ posee contenido que ayuda a desarrollar las habilidades de comprensión adecuadas a cada nivel, centrándose en las tareas de audición y lectura. Estos tres libros de texto se pueden utilizar juntos como un paquete para desarrollar una habilidad equilibrada en vocabulario, gramática y expresión. También se pueden usar por separado dependiendo de las condiciones del entorno educativo o las necesidades del alumno. Además, en el caso de los libros de texto de ‘vocabulario y gramática’, se proporciona una guía por separado, que puede ser muy útil para los profesores coreanos nativos y extranjeros que tienen poca experiencia docente.

El Instituto de Enseñanza del Lenguaje Coreano de la Universidad de Yonsei seguirá haciendo todo lo posible para cumplir las expectativas y peticiones de los estudiantes de la lengua en el futuro. Esperamos que este libro sea una gran ayuda para muchos docentes que no escatiman en esfuerzos en la enseñanza del lenguaje coreano tanto dentro del país como en el exterior y para todos los estudiantes que intentan aprender coreano.
El Instituto de Enseñanza del Lenguaje Coreano Comité de compilación de libros de texto.

Centro de Investigación de la Lengua de la Universidad de Yonsei
Comité de compilación de libros de texto del Instituto de Enseñanza del Lenguaje Coreano

Introducción

1. Este libro, <Vocabulario y gramática del Nuevo Yonsei Coreano1> y <Conversación y escrita del Nuevo Yonsei Coreano1> son libros de texto para principiantes en el idioma coreano.

2. Este libro está estructurado para que los principiantes en el idioma coreano puedan desarrollar su capacidad de lectura, audición y comprensión.

3. Hay un total de 40 secciones en el libro, 20 unidades con 2 subsecciones y 10 secciones de repaso de unidades cada 2 unidades. Cada sección dura 50 minutos. El *Hangeul* se presenta al comienzo del libro de texto y cada 2 unidades se presenta un tema sobre cultura coreana.

4. Este libro está organizado de la siguiente manera: 'Título', 'Objetivo de la lección', 'Vamos a preparar', 'Vamos a leer (Vamos a escuchar)', 'Vamos a escuchar (Vamos a leer)', 'Vamos a repetir', 'Vamos a repasar' se compone de 5 etapas. En todas las secciones de comprensión del libro de texto se integran la audición y la lectura, y los contenidos de estas actividades van cambiando según el contenido y la naturaleza de la unidad.

5. El título de cada unidad se corresponde con <Vocabulario y gramática del Nuevo Yonsei Coreano1> y el título de las unidades representa el contenido de la unidad. El código QR al lado del título es para acceder fácilmente a los contenidos de audio.

6. En el objetivo de aprendizaje se describe la función de estructuras como '- 을 이해할 수 있다' o '~ 관련 내용을 이해할 수 있다'.

7. La sección 'Vamos a preparar' es una etapa de preparación de la unidad para ayudar a los alumnos antes de la actividad de lectura y audición. Consiste en un vocabulario esencial relacionado con los contenidos de aprendizaje de la unidad. Sin embargo, no es un simple aprendizaje de vocabulario, sino que refleja las características para ayudar a los estudiantes a comprender el uso del vocabulario en oraciones o en contexto.

8. La sección 'Vamos a leer' sigue los objetivos de los principiantes para mejorar las habilidades de comunicación mediante la compresión de diversos contenidos de los medios escritos o escritos prácticos cotidianos (notas, instrucciones y avisos).

9. 'Vamos a escuchar' se centra en el lenguaje oral, con el objetivo de desarrollar las habilidades comunicativas en la vida real. Los materiales auditivos se presentan de forma secuencial en 4 tareas: comenzando por una oración y seguido de un diálogo, con una presentación de menor a mayor extensión y de menor a mayor dificultad. En las tareas tercera y cuarta de la segunda etapa de cada tarea hay un dictado, de modo que los contenidos se puedan captar con precisión. Por lo tanto, en estas dos tareas, es necesario que el instructor guíe a los estudiantes para que no vean las preguntas de la segunda etapa antes de haber realizado las preguntas de la primera.

10. 'Vamos a repetir' está ideada para la práctica de la pronunciación. En ella se selecciona una pronunciación meta, aparecida en los materiales de lectura y audición previos, que muestra cambios fonológicos o altas tasas de probabilidad de error en su realización. Se presenta una oración que contiene esta pronunciación meta y dos palabras de muestra.

11. La sección 'Vamos a repasar' está construida para el vocabulario y la gramática que se aprendieron de los dos libros para ser revisados en secciones de lectura y compresión auditiva. A partir de los contenidos aprendidos de cada sección, el alumno se centra en escuchar o leer y enlaza la otra capacidad para inducir el aprendizaje integrado.

12. La sección 'Repaso' permite a los estudiantes corregir su trabajo individualmente y fortalecer la capacidad del idioma a través de la educación integrada con otras habilidades lingüísticas. Esta sección de contenidos de aprendizaje está integrada con actividades de hablar, escuchar, leer y escribir

13. La sección 'Cultura' es la última sección de la revisión de la unidad con un texto cultural presentado con ilustraciones. Los contenidos culturales son seleccionados y asociados con los materiales del libro de texto con contenidos culturales interesantes.

14. La sección 'Hangeul' se presenta al principio para distinguir los fonemas del alfabeto, palabras y oraciones, así como también para escuchar.

15. El libro anexo contiene las traducciones y transcripciones de los materiales de lectura y de escucha. Además, en el apéndice se incluyen las claves de respuesta y el índice de vocabulario.

Mapa de contenido

Unidad	Lección	Objetivo de la lección	Gramática	Cultura
Hangeul (Coreano)	Hangeul 1	Vocales y consonantes		
	Hangeul 2	Vocales y consonantes		
	Hangeul 3	Batchim(consonantes a final de sílaba) y ejercicios de lectura		
Unidad 1 Saludos y presentaciones	<1> Saludos	Comprender nombres y nacionalidades.	-입니다 은/는[1]	
	<2> Profesiones	Comprender las profe-siones.	-입니까? 이/가 아닙니다	Nombre
Unidad 2 Objetos	<1> Objetos del aula	Comprender los objetos del aula	이/가 이, 그, 저	
	<2> Mis pertenencias	Comprender las propie-dades personales.	이/가 있습니다(없습니다) 도	
Unidad 3 La universidad	<1> Consejo de estudiantes	Comprender información sobre la ubicación	에 있습니다(없습니다) 은/는[2]	
	<2> Mi universidad	Comprender cómo describ-ir lugares de la universidad.	과/와(하고) -습니다, -습니까?	Amigos
Unidad 4 Amigos	<1> Amigos	Comprender cómo presen-tar amigos	에서 오다 을/를	
	<2> Compañeros de la residencia	Comprender las activi-dades relacionadas con los lugares.	에서 과/와 같이(하고 같이)	

Unidad	Lección	Objetivo de la lección	Gramática	Cultura
Unidad 5 La ciudad natal	<1> La ciudad natal	Comprender cómo presentar su ciudad natal	에 가다 -고 싶다	Contar los números
	<2> La isla de Jeju	Comprender cómo describir su ciudad natal	-지 않다 -고[1]	
Unidad 6 Vida universitaria	<1> En la clase	Comprender acerca de la programación y el tiempo	에[1] 부터 까지	
	<2> En la universidad	Comprender los números y dar sugerencias.	-으십시오/십시오 -을까요?[1]	
Unidad 7 Comida	<1> Comida	Comprender cosas sobre comida	무슨 ㄹ동사	Preparar la mesa
	<2> Pedir comida	Comprender cómo pedir comida	-을까요?[2] -읍시다	
Unidad 8 Vida diaria	<1> Octubre	Comprender las fechas y los días de la semana.	-이에요 -어요	
	<2> Vida diaria	Comprender las cosas sobre la vida cotidiana.	-고[2] ㄷ동사	
Unidad 9 El fin de semana	<1> El fin de semana	Comprender las actividades del fin de semana.	-으러 -지만	Senderismo
	<2> Planes para el fin de semana	Comprender acerca de la planificación de los fines de semana.	-을 거예요 ㅂ동사	
Unidad 10 Hechos del pasado	<1> Diario	Comprender cosas sobre las actividades pasadas.	-었어요 안	
	<2> Un día de Lithao	Comprender las actividades que no se realizaron en el pasado.	-지 못하다 -어서[1]	

Unidad	Lección	Objetivo de la lección	Gramática	Cultura
Unidad 11 Citas	<1> Citas	Comprender cómo concertar citas.	-은 후에 -으니까	Hablar de manera formal (honorífica) e informal (coloquial)
	<2> Planes para el fin de semana	Comprender los planes del fin de semana.	-는데/은데/ㄴ데 -이나/나	
Unidad 12 La familia	<1> La familia	Comprender cosas sobre la historia familiar.	-으시- 께서	
	<2> Mi abuela	Comprender cosas sobre las aficiones de la familia.	-으세요[1] -으세요[2]	
Unidad 13 Ir de compras	<1> Mercado de Dongdaemun	Comprender cosas sobre las compras.	-은/ㄴ[1] 보다	Moneda
	<2> Ir de compras	Comprender sobre las unidades de medida relacionadas con las compras.	-는 에[2]	
Unidad 14 Cumpleaños	<1> Regalo de cumpleaños	Comprender cosas sobre la preparación de los regalos de cumpleaños.	에게(한테/께) -을/ㄹ	
	<2> Fiesta de cumpleaños	Comprender cosas sobre la preparación de un cumpleaños.	-은/ㄴ[2] 르 동사	

Unidad	Lección	Objetivo de la lección	Gramática	Cultura
Unidad 15 Teléfono	<1> Número de teléfono	Comprender las actividades relacionadas con el número de teléfono.	-지요? -어 주다	Transporte público de Seúl
	<2> Teléfono	Comprender las actividades relacionadas con el teléfono.	에게서(한테서) -을 수 있다	
Unidad 16 Transporte	<1> Transporte	Comprender el método y el tiempo que se tarda en el transporte.	으로[1] 에서 까지	
	<2> El autobús del aeropuerto	Comprender las cosas sobre el uso del transporte público.	-어야 하다 마다	
Unidad 17 Obtener una direcciones	<1> Itaewon	Comprender la dirección y la ubicación	으로[2] -으면	Ver las flores y hacer un picnic debajo de los árboles otoñales
	<2> Guía de la zona	Comprender cosas acerca de dar instrucciones	-요? -어서[2]	
Unidad 18 Tiempo y estaciones	<1> El tiempo	Comprender el tiempo	-는군요 -을 것 같다	
	<2> Las cuatro estaciones	Comprender las actividades relacionadas con las estaciones	-는 것 같다 -으면서	

Unidad	Lección	Objetivo de la lección	Gramática	Cultura
Unidad 19 Viajes	<1> Planes de viaje	Comprender cómo hacer planes de viaje.	-으려고/려고 하다 -는 게 어때요?	Atracciones turísticas
	<2> Preparativos del viaje	Comprender cosas sobre la preparación de viajes.	-고 있다 -못	
Unidad 20 Vacaciones y días de descanso	<1> Vacaciones	Comprender cosas sobre vacaciones.	-기 전에 -겠다[1]	
	<2> Días de descanso	Comprender cosas sobre los días de descanso.	-지 않아요? -고요	

Contenido

Unidad 1

<1> Saludos.

Objetivo de la lección: Comprender nombres y nacionalidades.

Vocabulario

인사 saludos	한국 Corea
미국 Estados Unidos	브라질 Brasil
일본 Japón	중국 China
호주 Australia	프랑스 Francia
안녕하십니까 Hola	저 yo
영국사람 de Inglaterra, inglés/inglesa	
제 mi	이름 nombre
국적 nacionalidad	네 sí,
베트남 Vietnam	러시아 Rusia
케냐 Kenia	캐나다 Canadá
노르웨이 Noruega	

- **Vamos a leer**

¿Hola?
Soy James.
Soy de Inglaterra.

- **Vamos a escuchar**

1.

(1) 흐엉은 베트남 사람입니다.
Huong es vietnamita.

(2) 레오는 프랑스 사람입니다.
Leo es francés.

(3) 마이클은 미국 사람입니다.
Michael es estadounidense.

(4) 빌리는 캐나다 사람입니다.
Billy es canadiense.

2.

(1) 저는 리타오입니다. 중국 사람입니다.
Yo soy Lithao. Soy de China.

(2) 저는 올리비아입니다. 호주 사람입니다.
Yo soy Olivia. Soy australiana.

(3) 저는 정하늘입니다. 한국 사람입니다.
Yo soy Jeong Haneul. Soy de Corea.

(4) 저는 존입니다. 케냐 사람입니다.
Yo soy John. Soy de Kenia.

3~4.

가: 안녕하십니까?
A: Hola.
나: 네, 안녕하십니까? 저는 유키입니다.
일본 사람입니다.
B: Hola, ¿qué tal? Yo soy Yuki. Soy japonesa.
가: 저는 최주앙입니다. 브라질 사람입니다
A: Soy Choi Juan. Soy brasileño.

5~6.

가: 안녕하십니까?
A: Hola.
나: 네, 안녕하십니까?
B: Hola.
가: 저는 노라입니다.
A: Soy Nora.
나: 제 이름은 리타오입니다. 중국 사람입니다.
B: Mi nombre es Lithao. Soy chino.
가: 저는 노르웨이 사람입니다.
A: Yo soy de Noruega.

<2> Profesiones.

Objetivo de la lección: Comprender las profesiones.

Vocabulario

간호사 enfermero	배우 actor/actriz
교수 profesor	경찰 policía
씨 Sr. Sra. Srta.	친구 amigo
기자 reportero, periodista	
가수 cantante	직업 profesión
회사원 empleado	대학생 universitario
은행원 banquero	요리사 cocinero
의사 médico,doctor	독일 Alemania
어느 cuál	아니요 no

- **Vamos a leer**

Jessica es mi amiga.
Ella no es estadounidense.
Ella es australiana.
Ella es periodista.

- **Vamos a escuchar**

1.

(1) 저는 회사원이 아닙니다. 대학생입니다.
Yo no soy empleado. Soy universitario.

(2) 저는 은행원이 아닙니다. 요리사입니다.
Yo no soy banquero. Soy cocinero.

(3) 저는 의사가 아닙니다. 간호사입니다.
Yo no soy doctora. Soy enfermera.

(4) 저는 배우가 아닙니다. 가수입니다.
Yo no soy actriz. Soy cantante.

2.

(1) 가: 리타오입니까?
A: ¿Es usted Lithao?
나: 네, 리타오입니다.
B: Sí, soy Lithao.

(2) 가: 영국 사람입니까?
A: ¿Es de Inglaterra?
나: 아니요, 독일 사람입니다.
B: No, soy de Alemania..

(3) 가: 교수입니까?
A: ¿Es usted profesor?
나: 아니요, 요리사입니다.
B: No, soy cocinero.
(4) 가: 기자입니까?
A: ¿Es usted periodista?
나: 네, 기자입니다.
B: Sí, soy periodista.

3~4.
가: 마리아 씨는 영국 사람입니까?
A: ¿Es usted inglesa, María?
나: 아니요, 저는 러시아 사람입니다.
B: No, soy rusa.
가: 가수입니까?
A: ¿Es usted cantante?
나: 아니요. 저는 가수가 아닙니다. 배우입니다.
B: No, no soy cantante. Soy actriz.

5~6.
가: 안녕하십니까?
A: Hola
나: 네, 안녕하십니까?
B: Hola.
가: 리타오 씨는 베트남 사람입니까?
A: ¿Es usted vietnamita, Lithao?
나: 아니요, 저는 베트남 사람이 아닙니다. 중국 사람입니다.
B: No, no soy vietnamita. Soy chino.
가: 회사원입니까?
A: ¿Es usted empleado?
나: 아니요, 저는 회사원이 아닙니다. 학생입니다.
B: No, no soy empleado. Soy estudiante.

Unidad 2

<1> Objetos del aula.

Objetivo de la lección: Comprender los objetos del aula

Vocabulario

교실 aula	물건 objeto
시계 reloj	달력 calendario
그림 dibujo	우리 nosotros
이것 esto	책상 mesa
저 aquel	저것 aquello
지도 mapa	

• Vamos a leer

Es nuestra aula.
Esta es mi mesa.
Aquella mesa es del profesor.
Aquello es un mapa coreano.

• Vamos a escuchar

1.
(1) 이것이 책상입니다.
Este es un escritorio.
(2) 이 지우개가 칠판 지우개입니다.
Este es el borrador de la pizarra.
(3) 그것이 칠판입니다.
Esa es la pizarra.
(4) 저 의자가 선생님 의자입니다.
Aquella silla es del profesor.

2.
(1) 가: 이것이 시계입니까?
A: ¿Es este un reloj?
나: 네, 시계입니다.
B: Sí, es un reloj.
(2) 가: 저것이 무엇입니까?
A: ¿Qué es eso?
나: 옷걸이입니다.
B: Es una percha.
(3) 가: 그것이 무엇입니까?
A: ¿Qué es eso?
나: 이것이 컴퓨터입니다.
B: Este es un ordenador.
(4) 가: 이것이 그림입니까?
A: ¿Es este un dibujo?
나: 아니요, 그림이 아닙니다. 달력입니다.
B: No, no es un dibujo. Es un calendario.

3~4.
가: 이것이 유키 씨 의자입니까?
A: ¿Es esta su silla, Yuki?
나: 아니요, 제 의자가 아닙니다. 레오 씨 의자입니다.
B: No, no es mía. Es de Leo.
가: 저 의자가 유키 씨 의자입니까?
A: ¿Es aquella su silla, Yuki?
나: 네, 저것이 제 의자입니다.
B: Si, aquella es mi silla.

5~6.
가: 유키 씨 교실입니까?
A: ¿Es su aula, Yuki?
나: 네, 우리 교실입니다.
B: Sí, es nuestra aula.
가: 저것이 달력입니까?
A: ¿Es aquello un calendario?
나: 아니요, 달력이 아닙니다. 지도입니다.
B: No, no es un calendario. Es un mapa.
가: 저 지도가 한국 지도입니까?
A: ¿Ese es el mapa de Corea?
나: 네, 한국 지도입니다.
B: Sí, es el mapa coreano.

<2> Mis pertenencias.

Objetivo de la lección: Comprender las propiedades personales.

Vocabulario

연필 lápiz	가방 mochila, bolso
지갑 billetera, monedero	휴대전화 móvil
휴지 papel higiénico	안경 gafas
있다 haber	돈 dinero
볼펜 bolígrafo	우산 paraguas
없다 no haber	텔레비전 televisión
과자 galleta	주스 zumo
물 agua	모자 sombrero

- **Vamos a leer**

Esta es la mochila de Huong.
Hay una billetera.
También hay un móvil.
Aquella es la mochila de Yuki.
Hay unas gafas.
También hay papel higiénico.

- **Vamos a escuchar**

1.

(1) 가방이 있습니다.
Hay una mochila.

(2) 컴퓨터가 있습니다.
Hay un ordenador.

(3) 돈이 있습니다.
Hay dinero.

(4) 시계가 있습니다.
Hay un reloj.

2.

(1) 책상이 있습니다. 의자도 있습니다.
Hay un escritorio. Hay una silla también

(2) 지갑이 있습니다. 우산도 있습니다.
Hay una billetera. Hay un paraguas también

(3) 연필이 있습니다. 지우개도 있습니다.
Hay un lápiz. Hay un borrador también

(4) 컴퓨터가 있습니다. 시계가 없습니다.
Hay un ordenador. No hay reloj

3~4.

가: 레오 씨, 컴퓨터가 있습니까?
A: Leo, tiene usted un ordenador?
나: 네, 컴퓨터가 있습니다.
B: Sí, tengo un ordenador.
가: 텔레비전도 있습니까?
A: ¿Tiene también una televisión?
나: 아니요, 없습니다.
B: No, no tengo.

5~6.

가: 올리비아 씨, 과자가 있습니까?
A: Olivia, ¿tiene usted galletas?
나: 네, 과자가 있습니다.
B: Sí, tengo galletas.
가: 주스도 있습니까?
A: ¿Tiene también zumo?
나: 네, 주스도 있습니다.
B: Sí, tengo también zumo.
가: 물도 있습니까?
A: ¿También tiene agua?
나: 아니요, 물은 없습니다.
B: No, agua no tengo.

Unidad 1 - Unidad 2 Repaso

Unidad 1 – Unidad 2 Vocabulario

여기 aquí

I.

¿Hola?
Mi nombre es Lithao. Soy chino.
Aquí es nuestra aula.
Hay un mapa en el aula. Hay un dibujo también.
Este es mi escritorio.
Aquel escritorio es de mi profesor.

II.

가: 리타오 씨는 학생입니까?
A: ¿Es usted estudiante, Lithao?
나: 네, 저는 한국어학당 학생입니다.
B: Sí, soy estudiante del Instituto de Enseñanza del Lenguaje Coreano de la Universidad Yonsei.
가: 여기가 리타오 씨 교실입니까?
A: ¿Es este su aula, Lithao?
나: 네, 우리 교실입니다.
B: Sí, es nuestra aula.
가: 이 책상이 리타오 씨 책상입니까?
A: ¿Es este su escritorio, Lithao?
나: 아니요, 그것은 제 책상이 아닙니다. 선생님 책상입니다.
B: No, no es mi escritorio. Es el escritorio del profesor.

Cultura coreana: Nombre

En general, en los nombres coreanos hay tres sílabas. La primera sílaba es el apellido y las dos últimas sílabas son el nombre. Cuando escriba su nombre en coreano, ponga primero su apellido y luego su nombre. A veces encontramos dos sílabas en el apellido. También puede haber una o tres sílabas en el nombre. Hay 270 apellidos diferentes; entre ellos, los más conocidos son 'Kim', 'Lee', 'Park' y 'Choi', en ese orden.

	홍길동	선우재희	박철	김빛나리
성 (apellido)	홍	선우	박	김
이름 (nombre)	길동	재희	철	빛나리

Unidad 3

<1> Consejo de estudiantes.

Objetivo de la lección: Comprender información sobre la ubicación.

Vocabulario

학생회관 consejo de estudiantes
인형 muñeca
안 en
앞 enfrente,
옆 lado
위 arriba
도서관 biblioteca
기숙사 residencia (de estudiantes)
식당 restaurante
편의점 tienda 24 horas
은행 banco
우체국 oficina de correos
화장실 servicios, cuarto de baño
서점 librería
문구점 papelería
사무실 oficina
뒤 detrás

- **Vamos a leer**

Aquí está el consejo de estudiantes.
La biblioteca está enfrente del consejo de estudiantes.
La residencia de estudiantes está al lado del consejo de estudiantes.
El restaurante está en la residencia de estudiantes.
También hay una tienda 24 horas.

- **Vamos a escuchar**

1.

(1) 가방이 책상 위에 있습니다.
La mochila está sobre el escritorio.

(2) 휴대전화가 가방 안에 있습니다.
El móvil está dentro de la mochila.

(3) 에릭이 타오 앞에 있습니다.
Eric está enfrente de Tao.

(4) 레오가 유키 옆에 있습니다.
Leo está al lado de Yuki.

2.

(1) 은행이 있습니다. 우체국은 없습니다.
Hay un banco. No hay oficina de correos.

(2) 편의점이 있습니다. 화장실은 없습니다.
Hay una tienda 24 horas. No hay cuartos de baño.

(3) 서점이 있습니다. 문구점은 없습니다.
Hay una librería. No hay papelería.

(4) 사무실이 있습니다. 교실은 없습니다.
Hay una oficina. No hay aulas.

3~4.

가: 기숙사가 어디에 있습니까?
A: ¿Dónde está la residencai?
나: 학생회관 뒤에 있습니다.
B: Está detrás del consejo de estudiantes.
가: 서점은 어디에 있습니까?
A: ¿Dónde está la librería?
나: 학생회관 안에 있습니다.
B: Está dentro del consejo de estudiantes.

5~6.

가: 에릭 씨, 교실이 어디에 있습니까?
A: Eric, ¿dónde está el aula?
나: 사무실 옆에 있습니다.
B: Está al lado de la oficina.
가: 교실 안에 무엇이 있습니까?
A: ¿Qué hay en el aula?
나: 책상이 있습니다. 의자도 있습니다.
B: Hay escritorios. Hay también sillas.
가: 지도도 있습니까?
A: ¿También hay mapas?
나: 아니요, 지도는 없습니다.
B: No, no hay mapas.

<2> Mi universidad.

Objetivo de la lección: Comprender cómo describir lugares de la universidad.

Vocabulario

작다 ser pequeño
많다 haber mucho
날씨 tiempo
덥다 hacer calor
나쁘다 ser malo
넓다 ser espacioso/amplio
아주 muy
조용하다 ser silencioso
크다 ser grande
가게 tienda
적다 ser pequeño
방 habitación
하고 y
옷장 armario
근처 cerca,
시끄럽다 ser ruidoso
커피숍 cafetería
조금 poco

- **Vamos a leer**

Mi universidad es amplia.
También hay muchos estudiantes.
Hay una biblioteca y un consejo de estudiantes en la universidad.
La biblioteca es muy silenciosa.
El consejo de estudiantes es grande.
Hay también muchas tiendas en el consejo de estudiantes.

- **Vamos a escuchar**

1

(1) 볼펜과 공책이 많습니다.
Hay muchos bolígrafos y cuadernos.

(2) 기숙사와 도서관이 큽니다.
La residencia y la biblioteca son grandes.

(3) 지갑하고 휴대전화가 있습니다.
Hay una billetera y un móvil.

(4) 학생회관 안에 우체국하고 은행이 있습니다.
Hay una oficina de correos y un banco dentro del consejo de estudiantes.

2.

(1) 날씨가 좋습니까?
¿Hace buen tiempo?

(2) 도서관에 사람이 많습니까?
¿Hay mucha gente en la biblioteca?

(3) 기숙사가 시끄럽습니까?
¿Es la residencia ruidosa?

(4) 학생식당이 작습니까?
¿Es la cafetería de estudiantes pequeña?

3~4.

가: 윤아 씨, 기숙사 방이 큽니까?
A: Yuna, ¿es grande su habitación de la residencia?

나: 아니요, 방이 작습니다.
B: No, es pequeña.

가: 방에 무엇이 있습니까?
A: ¿Qué hay en la habitación?

나: 침대하고 책상이 있습니다. 옷장도 있습니다.
B: Hay una cama y un escritorio. Hay también un armario.

5~6.

가: 유키 씨, 사무실 근처에 무엇이 있습니까?
A: Yuki, ¿qué hay cerca de la oficina?

나: 은행하고 커피숍이 있습니다.
B: Hay un banco y una cafetería.

가: 커피숍에 사람이 많습니까?
A: ¿Hay mucha gente en la cafetería?

나: 네, 사람이 많습니다. 조금 시끄럽습니다.
B: Sí, hay mucha gente. Es un poco ruidosa.

가: 은행은 어떻습니까?
A: ¿Qué tal el banco?

나: 은행은 사람이 적습니다. 조용합니다.
B: En el banco no hay mucha gente. Es silencioso.

Unidad 4

<1> Amigos.

Objetivo de la lección: Comprender cómo presentar amigos.

Vocabulario

책 libro	공책 cuaderno
읽다 leer	보다 ver
쓰다 escribir	사다 comprar
한국말 coreano	배우다 aprender
자주 frecuentemente	
만나다 quedar con alguien, ver a alguien	
가르치다 enseñar	버스 autobús
기다리다 esperar	빵 pan
먹다 comer	커피 café
마시다 tomar	누구 quién
영어 inglés	

• **Vamos a leer**

Este es mi amigo Michael.
Michael es universitario.
Él viene de Estados Unidos.
Él aprende coreano.
Michael tiene muchos amigos.
Él queda con amigos frecuentemente.

• **Vamos a escuchar**

1.

(1) 에릭 씨는 버스를 기다립니다.
Eric espera el autobús

(2) 하늘 씨는 빵을 먹습니다.
Haneul come pan.

(3) 리타오 씨는 사진을 봅니다
Lithao mira fotos.

(4) 우진 씨는 커피를 마십니다.
Woojin toma un café.

2.

(1) 가: 존 씨는 미국에서 왔습니까?
A: ¿Es John de los Estados Unidos?
나: 아니요, 케냐에서 왔습니다.
B: No, es de Kenia.

(2) 가: 마틴 씨는 어디에서 왔습니까?
A: ¿De dónde es Martin?
나: 호주에서 왔습니다.
B: Es de Australia.

(3) 가: 마리아 씨가 책을 삽니까?
A: ¿Compra libros María?
나: 네, 책을 삽니다.
B: Sí, compra libros.

(4) 가: 흐엉 씨가 무엇을 합니까?
A: ¿Qué hace Huong?
나: 텔레비전을 봅니다.
B: Ve la television.

3~4.

가: 올리비아 씨, 저 사람이 누구입니까?
A: Olivia, ¿quién es esa persona?

나: 레오 씨입니다. 제 친구입니다.
B: Es Leo. Es mi amigo.

가: 레오 씨는 어디에서 왔습니까?
A: ¿De dónde es Leo?

나: 프랑스에서 왔습니다. 요리사입니다.
B: Es de Francia. Es cocinero.

5~6.

가: 안녕하십니까? 스미스 씨. 이 사람은 제 기숙사 친구입니다.
A: Hola, Sr. Smith. Esta persona es mi compañera de residencia.

나: 안녕하십니까? 저는 스미스입니다.
B: Hola, soy Smith.

다: 안녕하십니까? 저는 리나입니다. 일본에서 왔습니다.
C: Hola. Yo soy Lina. Soy de Japón.

나: 미국에서 왔습니다. 영어 선생님입니다.
B: Soy de Estados Unidos. Soy profesor de inglés.

<2> Compañeros de la residencia.

Objetivo de la lección: Comprender las actividades relacionadas con los lugares.

Vocabulario

아르바이트하다 trabajar a tiempo parcial
공부하다 estudiar
피시방 cibercafé
게임하다 jugar a los videojuegos
찜질방 sauna
이야기하다 hablar
지금 ahora
음악 música,
듣다 escuchar
운동하다 hacer ejercicio
밥 arroz/comida
숙제하다 hacer los deberes
혼자 solo
공원 parque
산책하다 pasear

• Vamos a leer

La residencia de James.
Nora está estudiando en su habitación ahora .
María está escuchando música.
John está haciendo ejercicio con su amigo.
James está comiendo en el restaurante (de la residencia).
Lithao está viendo la televisión.

• Vamos a escuchar

1.

(1) 친구와 같이 운동합니다.
Hago ejercicio con mis amigos.

(2) 흐엉 씨와 같이 커피를 마십니다.
Tomo un café con Huong.

(3) 선생님하고 같이 밥을 먹습니다.
Como con mi profesor.

(4) 친구하고 같이 노래합니다.
Canto con mis amigos.

2.

(1) 교실에서 공부합니다.
Estudio en la clase.

(2) 빵집에서 빵을 삽니다.
Compro pan en la panadería.

(3) 피시방에서 게임을 합니다.
Juego a los videojuegos en un cibercafé.

(4) 도서관에서 공부합니다.
Estudio en la biblioteca.

3~4.

가: 리타오 씨, 도서관에서 숙제를 합니까?
A: Lithao, ¿hace las tareas en la biblioteca?
나: 아니요, 커피숍에서 숙제를 합니다.
B: No, las hago en la cafetería.
가: 누구하고 같이 숙제합니까?
A: ¿Con quién hace las tareas?
나: 하늘 씨하고 같이 합니다.
B: Las hago con Haneul.

5~6.

가: 유키 씨, 어디에서 산책을 합니까?
A: Yuki, ¿por dónde pasea?
나: 공원에서 산책을 합니다.
B: Paseo por el parque.
가: 누구하고 같이 산책을 합니까?
A: ¿Con quién pasea?
나: 노라 씨하고 같이 산책을 합니다.
B: Paseo con Nora.
가: 공원이 어떻습니까?
A: ¿Cómo es el parque?
나: 공원이 넓습니다.
B: El parque es amplio.

Unidad 3 - Unidad 4 Repaso

Unidad 3 – Unidad 4 Vocabulario

분 persona
일하다 trabajar

I.

가: 레오 씨, 이 분은 누구입니까?
A: Leo, ¿quién es esta persona?
나: 제 친구 마이클입니다. 마이클 씨는 저하고 같이 일합니다.
B: Es Michael, mi amigo. Michael trabaja conmigo.
가: 안녕하십니까? 마이클 씨, 저는 에릭입니다. 미국에서 왔습니다.
A: Hola, Michael. Soy Eric. Soy estadounidense.
다: 안녕하십니까? 에릭 씨, 에릭 씨는 무엇을 합니까?
C: Hola, Eric. ¿A qué se dedica?
가: 저는 회사원입니다.
A: Soy empleado.
다: 에릭 씨도 한국말을 배웁니까?
C: ¿Usted también aprende coreano?
가: 네 저도 한국말을 공부합니다.
A: Sí, yo también estudio coreano.

II.

Soy Daniel.
Soy de Australia
Soy cocinero. Trabajo con Leo.
El restaurante está en Itaewon. Hay mucha gente en el restaurante.

Cultura coreana: Amigos

¿Usted tiene muchos amigos coreanos? La mayoría de los extranjeros piensan que cuando se vuelve cercano a una persona la considera amiga. Sin embargo, en Corea, a pesar de que sea cercano a esa persona, si su edad es diferente, no se piensa de esa manera. Los coreanos piensan que la edad influye en el hecho de ser amigos. Si una persona es mayor o menor, se la consid-era como un hermano o hermana cercano. Entonces, la edad es muy importante para hacer amigos. Por lo tanto, cuando conozcas a una persona por primera vez, pregúntele su edad.

Unidad 5

<1> La ciudad natal.

Objetivo de la lección: Comprender cómo presentar su ciudad natal.

Vocabulario

고향 ciudad natal
산 montaña
강 río
수영(을) 하다 nadar
가족 familia
고향 음식 comida típica de la tierra natal
바다 mar
병원 hospital
호수 lago
산책 paseo
등산 senderismo
베이징 Pekín
놀다 salir (con los amigos)

- **Vamos a leer**

Aquí está mi ciudad natal.
En mi ciudad natal hay montañas.
Voy a la montaña frecuentemente.
Hay un río al lado de la montaña.
Nado en el río.
Mi ciudad natal tiene un tiempo agradable.
Quiero ir a mi ciudad natal.

- **Vamos a escuchar**

1.

(1) 학교에 갑니다.
Voy a la universidad.

(2) 은행에 갑니다.
Voy al banco

(3) 백화점에 갑니다.
Voy al centro comercial.

(4) 병원에 갑니다.
Voy al hospital

2.

(1) 강 근처에서 산책을 하고 싶습니다.
Quiero pasear cerca del río.

(2) 바다에서 수영을 하고 싶습니다.
Quiero nadar en el mar.

(3) 산에 등산을 가고 싶습니다.
Quiero hacer senderismo.

(4) 호수에서 수영하고 싶습니다.
Quiero nadar en el lago.

3~4.

가: 지금 어디에 갑니까?
A: ¿Adónde va usted ahora?
나: 저는 고향에 갑니다.
B: Voy a mi ciudad natal.
가: 고향에서 무엇을 하고 싶습니까?
A: ¿Qué quiere hacer en su ciudad natal?
나: 저는 친구를 만나고 싶습니다. 고향 음식도 먹고 싶습니다.
B: Quiero ver a mis amigos. También quiero comer platos típicos.

5~6.

가: 타오 씨, 지금 어디에 갑니까?
A: Tao, ¿adónde va?
나: 중국 친구와 같이 고향에 갑니다. 제 고향은 중국 베이징입니다.
B: Voy a mi ciudad natal con un amigo chino. Mi ciudad natal es Pekín, China.
가: 고향에서 무엇을 하고 싶습니까?
A: ¿Qué desea hacer de regreso a su ciudad natal?
나: 저는 가족을 만나고 싶습니다. 학교 선생님도 만나고 싶습니다.
B: Quiero ver a mi familia. Y también a mis profesores.
가: 친구는 무엇을 하고 싶어합니까?
A: ¿Qué quiere hacer su amigo?
나: 친구는 고향 친구들과 놀고 싶어합니다.
B: Quiere salir con sus amigos de allí.

<2> La isla de Jeju.

Objetivo de la lección: Comprender cómo describir su ciudad natal.

Vocabulario

경치 paisaje
아름답다 ser hermoso
더럽다 estar sucio
복잡하다 estar abarrotado
바쁘다 estar ocupado
깨끗하다 estar limpio
공기 aire
올레길 Camino Ole
한라산 montaña Halla
친절하다 ser amable
한가하다 estar libre, vacío
예쁘다 ser bonito
재미있다 ser interesante, divertido
재미없다 no ser interesante, ser aburido
대구 Daegu

- **Vamos a leer**

La isla de Jeju es mi ciudad natal.
Hay mar en la isla de Jeju.
El mar es limpio y hermoso.
La isla de Jeju tiene el aire limpio y no hay mucha gente.
Están el Camino Ole y la montaña de Halla.
La gente de mi ciudad natal es amable.
Me gusta mucho mi ciudad natal.

- **Vamos a escuchar**

1.

(1) 방이 깨끗하지 않습니다.
La habitación no está limpia.

(2) 백화점이 복잡하지 않습니다.
El centro comercial no está abarrotado.

(3) 날씨가 좋지 않습니다.
No hace buen tiempo.

(4) 선생님이 바쁘지 않습니다.
El profesor no está ocupado.

2.

(1) 호수가 깨끗하고 아름답습니다.
El lago está limpio y hermoso.

(2) 공원이 넓고 조용합니다.
El parque es espacioso y tranquilo.

(3) 가방이 작고 예쁩니다.
El bolso es pequeño y bonito.

(4) 선생님이 친절하고 재미있습니다.
El profesor es amable y divertido.

3~4.

가: 레오 씨 고향에 강이 있습니까?
A: Leo, ¿en su ciudad natal hay río?
나: 아니요, 제 고향에 강이 없습니다. 호수가 있습니다.
B: No, en mi ciudad natal no hay río. Hay un lago.
가: 호수가 큽니까?
A: ¿Es grande el lago?
나: 네, 호수가 크고 아름답습니다.
B: Sí, el lago es grande y hermoso.

5~6.

가: 우진 씨, 고향이 어디입니까?
A: Woojin, ¿cuál es su ciudad natal?
나: 제 고향은 대구입니다.
B: Mi ciudad natal es Daegu.
가: 대구에 바다가 있습니까?
A: ¿Hay mar en Daegu?
나: 아니요, 바다가 없습니다. 산과 강이 있습니다.
B: No, no hay mar. Hay montañas y ríos.
가: 대구가 복잡합니까?
A: ¿Es un lugar abarrotado?
나: 아니요, 복잡하지 않습니다. 깨끗하고 조용합니다.
B: No, no es abarrotado. Es limpio y tranquilo.

Unidad 6

<1> En la clase.

Objetivo de la lección: Comprender acerca de la programación y el tiempo.

Vocabulario

수업 clase	시간 hora
하나(한) uno	시 hora
열하나 once	여덟 ocho
반 media	아홉 nueve
날마다 todos los días	그리고 y
시작하다 empezar	오전 mañana
오후 tarde	점심 almuerzo
몇 qué	언제 cuándo
저녁 noche	

• **Vamos a leer**

Todos los días voy a la universidad a las ocho.
Tomo café y pan en la cafetería de la universidad.
Y voy a clase a las ocho y media.
A las nueve viene el profesor. Empieza la clase.
Aprendo coreano desde las nueve de la mañana hasta la una de la tarde.
A la una y media almuerzo con los amigos.

• **Vamos a escuchar**

1.

(1) 마이클 씨는 11시에 편의점에 갑니다.
Michael va a la tienda 24 horas a las once.

(2) 리에 씨는 5시에 숙제를 합니다.
Lie hace tareas a las cinco.

(3) 하늘 씨는 3시에 친구를 만납니다.
Haneul se ve con sus amigos a las tres.

(4) 우진 씨는 8시 반에 회사에 갑니다.
Woojin va a trabajar a las ocho y media.

2.

(1) 에릭 씨는 1시부터 2시까지 점심을 먹습니다.
Eric almuerza de una a dos.

(2) 제임스 씨는 1시 반부터 5시 반까지 한국말을 배웁니다.
James aprende coreano de una y media a cinco y media.

(3) 리타오 씨는 2시 반부터 3시 반까지 운동을 합니다.
Litao hace ejercicio de dos y media a tres y media.

(4) 유키 씨는 4시부터 6시까지 아르바이트를 합니다.
Yuki trabaja a tiempo parcial de cuatro a seis.

3~4.

가: 언제 숙제를 합니까?
A: ¿Cuándo hace los deberes?
나: 3시부터 4시까지 숙제를 합니다.
B: Hago los deberes de tres a cuatro.
가: 운동은 몇 시에 합니까?
A: ¿A qué hora hace ejercicio?
나: 5시 반에 합니다.
B: A las cinco y media.

5~6.

가: 노라 씨, 오후에 무엇을 합니까?
A: Nora, ¿qué hace por la tarde?
나: 3시부터 5시까지 아르바이트를 합니다.
B: Trabajo a tiempo parcial de tres a cinco.
가: 5시에는 무엇을 합니까?
A: ¿Qué hace a las seis?
나: 도서관에서 숙제를 합니다.
B: Hago los deberes en la biblioteca.
가: 노라 씨와 같이 영화를 보고 싶습니다. 언제 시간이 있습니까?
A: Quiero ir al cine con usted a ver una película. ¿Cuándo está libre?
나: 저는 저녁에 시간이 있습니다.
B: Estoy libre por la noche.

<2> En la universidad.

Objetivo de la lección: Comprender los números y dar sugerencias.

Vocabulario

생활 vida cotidiana
번 línea,número
타다 coger
여러분 chicos, señoras y señores (dirigiéndose directamente a un grupo de personas)
쪽 página
쉬다 descansar
옷 ropa

• Vamos a leer

Cojo la línea 2000 del autobús enfrente de mi casa.
Llego a las ocho y cuarenta a la universidad.
El profesor empieza la clase a las 9 .

Profesor: Señores, miren la página 160. ¿Quién quiere leer?
Nora: Profesor, ¿puedo leer?
Profesor: Sí, Nora, lee.

Descansamos de 9 y cincuenta a 10.
En ese momento vamos a la tienda 24 horas.

• Vamos a escuchar

1.

(1) 책을 읽으십시오.
Lea el libro.

(2) 의자에 앉으십시오.
Siéntese en la silla.

(3) 이름을 쓰십시오.
Escriba su nombre.

(4) 교실에 가십시오.
Vaya a la clase.

2.

(1) 몇 쪽을 읽을까요?
¿Qué página leo?

(2) 몇 시에 갈까요?
¿A qué hora voy?

(3) 몇 호에 갈까요?
¿A qué salón voy?

(4) 몇 번 버스를 탈까요?
¿Qué número de autobús cojo?

3~4.

가: 선생님, 몇 시까지 학교에 올까요?
A: Profesor, ¿a qué hora quiere que venga a la universidad?

나: 레오 씨, 오후 3시 30분까지 오십시오.
B: Leo, venga a las tres y media.

가: 어디에서 기다릴까요?
A: ¿Dónde lo espero?

나: 도서관 앞에서 기다리십시오.
B: Espéreme enfrente de la biblioteca.

5~6.

가: 윤아 씨, 몇 번 버스가 백화점에 갑니까?
A: Yuna, ¿qué autobús me deja en el centro comercial?

나: 472번 버스가 백화점에 갑니다.
B: El autobus número 472 pasa por el centro comercial.

가: 어디에서 버스를 탑니까?
A: ¿Dónde lo cojo?

나: 여기에서 타십시오. 백화점에서 무엇을 사고 싶습니까?
B: Cójalo aquí. ¿Qué quiere comprar en el centro comercial?

가: 저는 옷을 사고 싶습니다. 윤아 씨는 어디에 갑니까?
A: Quiero comprar ropa. ¿Adónde va usted?

나: 저는 커피숍에 갑니다.
B: Yo voy a la cafetería.

Unidad 5 - Unidad 6 Repaso

Unidad 5 – Unidad 6 Vocabulario

한국어 coreano
문법 gramática
어렵다 ser difícil
그렇지만 pero
가끔 a veces
잘 bien
열심히 duramente, mucho
도와주다 ayudar
단어 vocabulario
잘하다 hacer bien

I.

Todos los días trabajo a tiempo parcial de nueve a doce en la tienda 24 horas.
No trabajo por la tarde.
Almuerzo a las doce y media.
Y voy a la universidad a la una y media.
Tengo clase de coreano de dos a seis.
La gramática coreana es un poco difícil y tengo muchos deberes también.
Pero los profesores son amables y enseñan muy bien.
También los compañeros son simpáticos.
A veces hago la tarea con mis amigos.
Aprendo taekwondo en el gimnasio por la noche.
El taekwondo es muy divertido

II.

가: 날마다 몇 시에 한국어를 공부합니까?
A: ¿A qué hora estudia coreano todos los días?

나: 오전 9시부터 오후 1시까지 합니다.
B: De nueve de la mañana a una de la tarde.

가: 한국어 공부가 어떻습니까?
A: ¿Cómo es estudiar coreano?

나: 단어도 어렵고 문법도 어렵습니다.
B: El vocabulario es difícil y la gramática también.

가: 제가 오후에 한국어 공부를 도와줄까요?
A: ¿Quiere que le ayude a estudiar coreano por la tarde?

나: 네, 도와주십시오. 한국말을 잘하고 싶습니다.
B: Sí, por favor. Quiero hablar bien coreano.

Cultura coreana: Contar los números

¿Cómo se cuentan los números en su país? En Corea, primero abrimos nuestras manos y luego doblamos nuestros dedos. Sacando el pulgar se hace el 1, el pulgar y el dedo índice hacen el 2 y luego todos los dedos hacen el 5. De 6 a 10, con la mano cerrada, vamos sacando los dedos de uno en uno. Pero sacamos y contamos desde el meñique.

Unidad 7

<1> Comida.

Objetivo de la lección: Comprender cosas sobre la comida.

Vocabulario

냉면 naengmyeon
김치찌개 kimchi jjigae
삼계탕 samgyetang
닭갈비 dakalbi(chuleta de pollo)
요리 cocina
만들다 cocinar
오늘 hoy
한식 comida coreana
비빔밥 bibimbab
불고기 bulgogi
머리 pelo
길다 ser largo
아이 niño
집 casa
멀다 estar lejos
일식 comida japonesa
과일 fruta
사과 manzana
힙합 hiphop
영화 película
중국 China
음식 comida
자장면 chachangmyeon
맛있다 ser delicioso, estar rico
탕수육 tangsuyuk(cerdo agridulce)
맛없다 no ser delicioso, no estar rico
차 té
유자차 té de citrón
시다 ser ácido
달다 ser dulce

• Vamos a leer

La casa de Yuki está cerca de la de Nora.
Yuki va a casa de Nora a menudo.
Las dos hacen juntas los deberes en casa de Nora.
Nora cocina bien.
Por eso cocina a menudo.
—
Nora: Yuki, ¿qué cocinamos hoy?
Yuki: Hoy quiero comer comida coreana.
Nora: Entonces, ¿cocino yo bibimbab?
Yuki: Sí, yo también quiero cocinar con usted.

• Vamos a escuchar

1.

(1) 불고기를 만듭니다.
Hago bulgogi.

(2) 머리가 깁니다.
Tiene el pelo largo.

(3) 아이가 놉니다.
El niño juega.

(4) 집이 멉니다.
La casa está lejos.

2.

(1) 무슨 음식을 먹고 싶습니까?
¿Qué comida quiere comer?

(2) 무슨 과일을 좋아합니까?
¿Cuál es su fruta favorita?

(3) 무슨 음악을 듣습니까?
¿Qué música escucha?

(4) 무슨 운동을 자주 합니까?
¿Qué deporte hace frecuentemente?

3~4.

가: 수현 씨는 무슨 음식을 좋아합니까?
A: ¿Cuál es su comida favorita, Suhyun?
나: 저는 중국 음식을 좋아합니다. 자장면을 좋아합니다. 자장면이 아주 맛있습니다.
B: Me gusta la comida china. Me gusta el jajangmyeon. Es delicioso.
가: 집에서 중국 음식을 만듭니까?
A: ¿Hace comida china en casa?
나: 네, 자주 만듭니다. 자장면도 만들고 탕수육도 만듭니다.
B: Sí, las hago a menudo. Hago jajangmyeon y tangsuyuk también.

5~6.

가: 윤가 씨, 무슨 커피를 좋아합니까?
A: Yuna, ¿qué café le gusta?
나: 저는 커피를 좋아하지 않습니다.
B: No me gusta el café.
가: 그럼, 무엇을 자주 마십니까?
A: Entonces, ¿qué toma frecuentemente?
나: 저는 차를 자주 마십니다. 유자차를 좋아합니다.
B: Tomo mucho té. Me gusta el té de citrón.
가: 유자차는 맛이 어떻습니까?
A: ¿A qué sabe el té de citrón?
나: 조금 시고 답니다.
B: Es un poco ácido y dulce.

<2> Pedir comida.

Objetivo de la lección: Comprender cómo pedir comida.

Vocabulario

주문 pedido
우유 leche
잔 vaso
라면 ramen
개 pieza
김밥 kimbab
줄 fila
콜라 coca-cola
병 botella
그릇 plato
층 piso
거기 allí
값 precio
피자 pizza
판 porción
심심하다 estar aburrido
한식집 restaurante de comida coreana
갈비탕 galbitang (caldo de chuleta de res)
갈비 galbi
우동 udong

• **Vamos a leer**

El centro comercial está enfrente de mi empresa.
Hay muchos restaurantes en el piso 10 de ese centro comercial.
A veces voy allí con Jane.
La comida está rica y no es cara.
Hoy quiero comer pizza.

Jane: ¿Qué comemos?
Woojin: Aquí está rica la pizza de bulgogi.
Jane: Entonces vamos a comer pizza de bulgogi y coca-cola.
Woojin: Oiga, queremos una porción de pizza de bulgogi y 2 vasos de coca-cola.

• **Vamos a escuchar**

1.

(1) 집에 갑시다.
Vamos a casa.

(2) 영화를 봅시다.
Vamos a ver una película.

(3) 우산을 삽시다.
Vamos a comprar un paraguas.

(4) 점심을 먹읍시다.
Vamos a almorzar.

2.

(1) 산책을 하고 싶습니다.
Quiero dar un paseo.

(2) 배가 고픕니다.
Tengo hambre.

(3) 숙제가 어렵습니다.
La tarea es difícil.

(4) 심심합니다.
Estoy aburrido.

3~4.

가: 흐엉 씨, 뭘 먹고 싶습니까?
A: Huong, ¿qué quiere comer?
나: 저는 갈비탕을 먹고 싶습니다.
B: Quiero comer galbitang.
가: 저는 비빔밥을 먹고 싶습니다.
A: Yo quiero comer bibimbab.
나: 그럼 갈비탕하고 비빔밥을 먹을까요?
B: Entonces, ¿pedimos galbitang y bibimbab?

5~6.

가: 이 식당은 무슨 음식이 맛있습니까?
A: ¿Qué está rico en este restaurante?
나: 갈비가 맛있습니다. 갈비를 먹을까요?
B: El galbi está rico. ¿Pedimos galbi?
가: 네, 저는 냉면도 먹고 싶습니다.
A: Sí, y quiero comer naengmyeon.
나: 그럼 갈비하고 냉면을 먹읍시다.
B: Pues, vamos a comer galbi y naengmyon.
가: 여기요, 갈비 이 인분하고 냉면 하나 주십시오.
A: Oiga, dos raciones de galbi y una de naengmyon, por favor.
나: 갈비가 아주 맛있습니다.
B: Está muy rico el galbi.

Unidad 8

<1> Octubre.

Objetivo de la lección: Comprender fechas y los días de la semana.

Vocabulario

삼월 **marzo** 유월 **junio**
팔월 **agosto** 시월 **octubre**
금요일 **viernes** 월 **mes**
일 **día** 월요일 **lunes**
개천절 **Día de la Fundación Nacional de Corea**
이날 **este día**
한글날 **Día del Idioma Coreano**
시험 **examen** 반 **clase**
친구 **amigo**
생선회 **sashimi(pescado crudo)**
빨리 **rápido/pronto** 목요일 **jueves**
며칠 **unos días** 요일 **día de la semana**
일 **trabajo** 잡채 **jabchae**

• **Vamos a leer**

Hoy es lunes uno de octubre.
El 3 de octubre es el Día de la Fundación Nacional.
No vamos a la universidad.
No hay clases el día 9 de octubre. Es el Día del Idioma Coreano.
Tenemos exámenes los días 11 y 12.
El día 13 voy a Busan con los compañeros.
Quiero ver el mar y también comer sashimi.
El día 16 viene un amigo de mi ciudad natal a Seúl.
Quiero verle pronto.

• **Vamos a escuchar**

1.

(1) 월요일에 아르바이트를 해요.
Trabajo a tiempo parcial los lunes.

(2) 화요일에 한국 요리를 배워요.
Aprendo a cocinar los martes.

(3) 수요일에 한국 영화를 봐요.
Veo una película coreana los miércoles.

(4) 목요일 오후에 운동해요.
Hago ejercicio los jueves por la tarde.

2.

(1) 가: 언제 제주도에 가요?
A: ¿Cuándo va a la isla de Jeju?
나: 6월 17일에 가요. B:
B: Voy el diecisiete de junio.

(2) 가: 오늘이 며칠이에요?
A: **¿A qué estamos hoy?**
나: 11월 11일이에요.
B: **Estamos a once de noviembre.**

(3) 가: 오늘이 무슨 요일이에요?
A: **¿Qué día es hoy?**
나: 수요일이에요.
B: **Es miércoles.**

(4) 가: 월요일에 시험이 있어요?
A: **¿Tiene examen el lunes?**
나: 아니요, 화요일에 시험이 있어요.
B: **No, tengo examen el martes.**

3~4.

가: 에릭 씨, 금요일 오후에 바빠요?
A: **Eric, ¿está ocupado el viernes por la tarde?**
나: 아니요, 한가해요. 무슨 일이 있어요?
B: **No, estoy libre. ¿Qué pasa?**
가: 리타오 씨 생일이에요. 같이 불고기를 만들까요?
A: **Es el cumpleaños de Lithao. ¿Le preparamos juntos bulgogui?**
나: 네, 좋아요. 잡채도 만듭시다.
B: **Sí, de acuerdo. Vamos a cocinar jabchae también.**

5~6.

가: 유키 씨, 언제 시험을 봐요?
A: **Yuki, ¿cuándo es su examen?**
나: 9월 3일에 봐요.
B: **Es el tres de septiembre.**
가: 9월 3일이 무슨 요일이에요?
A: **¿Qué día es el tres de septiembre?**
나: 월요일이에요.
B: **Es lunes.**
가: 그럼 토요일에 같이 도서관에서 공부할까요?
A: **Entonces, ¿por qué no estudiamos juntos el sábado en la biblioteca?**
나: 좋아요. 몇 시에 만날까요?
B: **Está bien. ¿A qué hora nos vemos?**
가: 9시에 만나요.
A: **Nos vemos a las nueve.**

<2> Vida diaria.

Objetivo de la lección: Comprender las cosas sobre la vida cotidiana.

Vocabulario

하루 **día**
자다 **dormirse**
이를 닦다 **lavarse los dientes**
세수하다 **tlavarse la cara**
일어나다 **levantarse**
샤워하다 **ducharse**
아침 **mañana**
회의 **reunión**
손님 **cliente**
끝나다 **terminar**
창문 **ventana**
걷다 **caminar**
묻다 **preguntar**
보통 **normalmente**
대사관 **embajada**
좀 **un poco**

- **Vamos a leer**

Todos los días me levanto a las 6.
Después de hacer ejercicio, me ducho.
Desayuno y voy a la empresa a las 9. Empiezo a trabajar después de tomarme un café en la empresa.
Almuerzo a las 12 y luego tengo una reunión.
Me reúno con muchos clientes por la tarde.
A las 5 y media, después del trabajo, ceno.
A las 6 y media voy a clase de coreano.
Estudiar coreano es divertido.

- **Vamos a escuchar**

1.

(1) 노라 씨가 창문을 닫아요.
Nora cierra la ventana.

(2) 노라 씨가 음악을 들어요.
Nora escucha música.

(3) 노라 씨가 이름을 물어요.
Nora pregunta el nombre.

(4) 노라 씨가 공원에서 걸어요.
Nora camina por el parque.

2.

(1) 가: 아침에 무엇을 해요?
A: **¿Qué hace por la mañana?**
나: 아침을 먹고 운동을 해요.
B: **Desayuno y hago ejercicios.**

(2) 가: 점심을 먹고 무엇을 해요?
A: **¿Qué hace después de almorzar?**
나: 아르바이트를 하고 복습을 해요.
B: **Trabajo a tiempo parcial y repaso las lecciones.**

(3) 가: 오후에 무엇을 해요?
A: **¿Qué hace por la tarde?**
나: 커피를 마시고 음악을 들어요.
B: **Tomo un café y escucho música.**

(4) 가: 언제 자요?
A: **¿Cuándo se acuesta?**
나: 책을 읽고 자요.
B: **Leo un poco y me acuesto.**

3~4.

가: 올리비아 씨, 수업이 끝나고 무엇을 해요?
A: **Olivia, ¿qué hace al terminar la clase?**
나: 친구들과 같이 점심을 먹어요.
B: **Almuerzo con mis amigos.**
가: 점심을 먹고 무엇을 해요?
A: **¿Qué hace después de almorzar?**
나: 점심을 먹고 대사관에 가요.
B: **Después de almorzar, voy a la embajada.**

5~6.

가: 윤아 씨, 오후에 보통 뭘 해요?
A: **Yuna, ¿qué hace normalmente por la tarde?**
나: 아르바이트를 해요.
B: **Trabajo a tiempo parcial.**

가: 오늘도 아르바이트를 해요?
A: ¿Hoy también trabaja?
나: 아니요, 오늘은 하지 않아요.
B: No, hoy no lo hago.
가: 그럼 오늘 같이 영화를 보고 저녁을 먹을까요?
A: ¿Ah, sí? Entonces, ¿por qué no almorzamos con los compañeros después de clase?
나: 좋아요. 저녁을 먹고 공원에서 좀 걸어요.
B: Vale, vamos a pasear un poco por el parque después de cenar.

Unidad 7 - Unidad 8 Repaso

Unidad 7 – Unidad 8 Vocabulario

약속 cita, compromiso

I.

가: 리타오 씨, 오늘 오후에 아르바이트를 해요?
A: Lithao, ¿trabaja esta tarde?
나: 아니요. 오늘은 아르바이트를 하지 않아요.
B: No, hoy no trabajo.
가: 그래요? 그럼 수업이 끝나고 반 친구들과 같이 점심을 먹을까요?
A: Ah, sí? Entonces, ¿por qué no almorzamos con los compañeros después de clase?
나: 네, 좋아요. 어디에 갈까요?
B: Sí, de acuerdo. ¿Adónde vamos?
가: 저는 강남식당에 가고 싶어요.
A: Quiero ir al restaurante Gangnam.
나: 그럼, 강남식당에 갑시다.
B: Pues, vamos al restaurante Gangnam.
가: 삼겹살을 먹을까요?
A: ¿Comemos samgyeopsal?
나: 네, 삼겹살 오인분하고 냉면 세 그릇을 주문합시다. 여기요~!
B: Sí, vamos a pedir cinco raciones de samgyeopsal y tres naengmyon. ¡Oiga!

II.

Miércoles, 21 de octubre
Vivo cerca de la universidad.
Todos los días me levanto a las ocho.
Voy a la universidad a las nueve.
Tengo clases hasta la una y almuerzo solo.
Después de almorzar, trabajo a tiempo parcial.
No trabajo a tiempo parcial los miércoles.
Así que hoy almuerzo con mis compañeros.

Cultura coreana: Preparar la mesa

La comida coreana consiste en arroz y sopa, estofado y guarniciones. El arroz y la sopa se sirven individualmente, pero el estofado y los acompañamientos se comparten con los demás. Cuando pida en un restaurante, le servirán de 3 a 4 platillos de acompañamiento. Dependiendo de la región, en algunos lugares se sirven más de 10 platillos. Si los clientes quieren más de esos platillos, se les pueden rellenar gratis.

Unidad 9

<1> El fin de semana.

Objetivo de la lección: Comprender las actividades del fin de semana.

Vocabulario

야구 béisbol
태권도 taekwondo
탁구를 치다 jugar al ping-pong
스키를 타다 esquiar
축구 fútbol
농구 baloncesto
괜찮다 estar bien
테니스를 치다 jugar al tenis
테니스장 pista de tenis
싸다 estar/ser barato
비싸다 estar/ser caro
그래서 por eso
수영장 piscina
그곳 ahí, ese lugar
여름 verano
서핑 surfeo
겨울 invierno
요즘 últimamente
인기가 많다 estar de moda
스키장 pista de esquí
야구장 estadio de béisbol
맥주 cerveza
구경하다 visitar

• **Vamos a leer**

Me gusta hacer ejercicio.
Por eso, normalmente hago ejercicio el fin de semana.
Juego al fútbol y al baloncesto con mis amigos en la pista.
En verano voy al mar para surfear.
Últimamente el surfeo está de moda .
En invierno voy a la pista de esquí para esquiar. La pista de esquí está lejos, pero el paisaje es hermoso.
Este in de semana voy al estadio de béisbol con mis amigos.
Quiero ver el béisbol y beber cerveza con mis amigos.

• **Vamos a escuchar**

1.
(1) 산책하러 공원에 가요.
Voy al parque a dar un paseo.
(2) 친구를 만나러 공원에 가요.
Voy al parque para reunirme con mis amigos.
(3) 축구를 하러 운동장에 가요.
Voy a la pista para jugar al fútbol.
(4) 농구를 하러 운동장에 가요.
Voy a la pista para jugar al baloncesto.

2.
(1) 힘들지만 재미있어요.
Es difícil, pero interesante.

(2) 조금 덥지만 괜찮아요.
Hace un poco de calor, pero está bien.

(3) 좀 달지만 맛있어요.
Es un poco dulce, pero delicioso.

(4) 학생이 많지만 조용해요.
Hay muchos alumnos, pero hay silencio.

3~4.

가: 에릭 씨, 어디에 가요?
A: Eric, ¿adónde va?

나: 테니스를 치러 테니스장에 가요.
B: Voy a la pista de tenis para jugar al tenis.

가: 그 테니스장이 어때요?
A: ¿Qué tal es esa pista de tenis?

나: 조금 비싸지만 좋아요.
B: Es un poco cara, pero está bien.

5~6.

가: 타오 씨, 주말에 보통 뭘 해요?
A: Tao, ¿qué hace normalmente los fines de semana?

나: 저는 운동을 좋아해요. 친구와 같이 운동을 해요.
B: Me gusta el deporte. Hago deporte con mis amigos.

가: 타오 씨는 무슨 운동을 제일 좋아해요?
A: Tao, ¿qué deporte le gusta más?

나: 저는 농구를 좋아해요. 그래서 농구를 하러 공원에 자주 가요. 노라 씨는 주말에 무엇을 해요?
B: Me gusta el baloncesto. Por eso voy a menudo al parque para jugar al baloncesto. ¿Qué hace los fines de semana, Nora?

가: 저는 주말에 수영장에 가요. 수영장이 조금 작지만 깨끗해요.
A: Voy a la piscina los fines de semana. La piscina es un poco pequeña, pero limpia.

<2> Planes para el fin de semana.

Objetivo de la lección: Comprender acerca de la planificación de los fines de semana.

Vocabulario

계획 plan
여행하다 viajar
쇼핑하다 ir de compras
빨래하다 lavar la ropa
데이트하다 tener una cita
다시 otra vez, de nuevo
홍대 Hongdae
남산한옥마을 Villa tradicional de Hanok de Namsan
다음 próxima vez
인천 Incheon
춘천 Chuncheon

• Vamos a leer

John: ¿Qué va a hacer este fin de semana?
Haneul: El sábado voy a ir cerca de Hongdae para ver a unos amigos.
John: ¿Qué va a hacer con sus amigos?
Haneul: Almorzaremos juntos e iremos al karaoke. John, ¿qué va a hacer el sábado?
John: Por la mañana tengo mi trabajo a tiempo parcial. Por la tarde iré a la Villa tradicional de Hanok de Namsan.
Haneul: La Villa tradicional de Hanok de Namsan es muy hermosa. Yo también quiero ir de nuevo.
John: Vamos juntos con los compañeros la próxima vez.

• Vamos a escuchar

1.

(1) 쓰기 시험이 어려워요.
El examen escrito es difícil.

(2) 제 고향은 경치가 아름다워요.
Mi ciudad natal tiene un hermoso paisaje.

(3) 옆집이 좀 시끄러워요.
Mi vecino es un poco ruidoso.

(4) 날씨가 아주 더워요
Hace mucho calor.

2.

(1) 무슨 음식을 만들 거예요?
¿Qué comida va a preparar?

(2) 고향에서 뭘 할 거예요?
¿Qué va a hacer en su ciudad natal?

(3) 몇 시까지 공부할 거예요?
¿Hasta qué hora va a estudiar?

(4) 수업이 끝나고 어디에 갈 거예요?
¿Adónde va a ir después de clase?

3~4.

가: 흐엉 씨, 주말에 뭘 할 거예요?
A: Huong, ¿qué va a hacer el fin de semana?

나: 주말에 커피숍에서 공부할 거예요.
B: Voy a estudiar en una cafetería este fin de semana.

가: 커피숍은 좀 시끄럽지 않아요?
A: ¿No hay un poco de ruido en la cafetería?

나: 우리 집 근처 커피숍은 시끄럽지 않아요.
B: La que queda cerca de mi casa no es ruidosa.

5~6.

가: 윤아 씨, 주말에 어디에 갈 거예요?
A: Yuna, ¿adónde va a ir este fin de semana?

나: 저는 인천에 갈 거예요.
B: Voy a ir a Incheon

가: 그래요? 인천은 어때요?
A: ¿Sí? ¿Cómo es Incheon?

나: 아주 아름다워요. 인천에는 바다도 있어요.
B: Es hermoso. En Incheon hay mar también.

가: 바다에도 갈 거예요?
A: ¿Va a ir al mar también?

나: 네, 바다에서 수영도 할 거예요.
B: Sí, voy a nadar en el mar.

Unidad 10

<1> Diario.

Objetivo de la lección: Comprender cosas sobre actividades pasadas.

Vocabulario

일기 **diario**	지난 **pasado**
작년 **año pasado**	지난달 **mes pasado**
늦게 **tarde**	서울 **Seúl**
시내 **centro**	명동 **Myeongdong**
가깝다 **estar cerca**	
엔(N)서울타워 **Torre N de Seúl**	
돈가스 **tonkatsu (milanesa de cerdo)**	
인사동 **Insadong**	피곤하다 **estar cansado**
바지 **pantalones**	맛 **sabor**

- **Vamos a leer**

Sábado, 11 de mayo
Hoy me he levantado un poco tarde.
Por la tarde, fui a visitar el centro de Seúl con un amigo.
Primero fuimos a Myeongdong.
En Myeongdong había muchas tiendas y estaba abarrotado.
Tras visitar Myeongdong, fuimos a la Torre N de Seúl.La Torre N de Seúl está cerca de Myeongdong.
En la Torre N de Seúl, vimos el paisaje y echamos fotos.
Luego nos fuimos a comer un tonkatsu.
El tonkatsu era grande y estaba bueno.
Queríamos ir a Insadong, pero no fuimos.
Estaba un poco cansado, pero fue divertido.

- **Vamos a escuchar**

1.
(1) 운동을 했어요.
Hice ejercicio.
(2) 시험이 어려웠어요.
El examen fue difícil.
(3) 바지를 입었어요.
Me puse los pantalones.
(4) 음식이 매웠어요.
La comida era picante.

2.
(1) 불고기가 어땠어요?
¿Cómo estuvo el bulgogi?
(2) 영화가 어땠어요?
¿Cómo estuvo la película?
(3) 시험이 어땠어요?
¿Cómo fue el examen?
(4) 날씨가 어땠어요?
¿Qué tiempo hizo?

3~4.
가: 하늘 씨, 지난 주말에 뭘 했어요?
A: Haneul, ¿qué hizo el pasado fin de semana?
나: 에릭 씨 집에서 같이 떡볶이를 만들었어요.
B: Preparé ddokbokki con Eric en su casa.
가: 맛이 어땠어요?
A: ¿Cómo les salió?
나: 조금 매웠지만 맛있었어요. 에릭 씨가 좋아했어요.
B: Un poco picante, pero estaba rico. A Eric le gustó.

5~6.
가: 호세 씨, 지난 방학에 뭘 했어요?
A: José, ¿qué hizo en las vacaciones pasadas?
나: 제주도에 갔어요.
B: Fui a la isla de Jeju.
가: 제주도에서 뭘 했어요?
A: ¿Qué hizo en la isla de Jeju?
나: 수영도 하고 등산도 했어요. 생선회도 많이 먹었어요.
B: Nadé y subí a las montañas. Comí mucho sashimi.
가: 제주도 여행이 어땠어요?
A: ¿Qué tal su viaje a la isla de Jeju?
나: 아주 재미있었어요. 사람들도 친절했어요.
B: Me divertí mucho. La gente era amable.

<2> Un día de Lithao.

Objetivo de la lección: Comprender las actividades que no se realizaron en el pasado.

Vocabulario

영화표 **entrada de cine**	기차표 **billete de tren**
호텔 **hotel**	예약하다 **reservar**
빌리다 **pedir prestado**	토요일 **sábado**
여행 **viaje**	잘못 **culpa**
오래 **mucho tiempo**	정말 **realmente/muy**
힘들다 **ser duro**	너무 **mucho/muy**

- **Vamos a leer**

Me he levantado tarde esta mañana.
Por eso no he podido desayunar.
Después de terminar la clase, he ido al restaurante con mi amigo.
He esperado mucho porque había mucha gente.
Después de comer he ido a mi trabajo a tiempo parcial.
Hoy había muchos clientes, así que he estado muy ocupado.
Estaba tan ocupado que ni siquiera pude ir al baño.
Vine a casa a las 8.
Estaba muy cansado, así que no quise cenar.
Hoy fue un día muy duro.

• **Vamos a escuchar**

1.

(1) 값이 싸서 학생 식당에 가요.
Voy a la cafetería de estudiantes porque es barata.

(2) 맛있어서 학생 식당에 가요.
Voy a la cafetería de estudiantes porque se come rico.

(3) 가까워서 학생 식당에 가요.
Voy a la cafetería de estudiantes porque está cerca.

(4) 배가 고파서 학생 식당에 가요.
Voy a la cafetería de estudiantes porque tengo hambre.

2.

(1) 가: 어제 친구를 만났어요?
A: ¿Ayer quedó con sus amigos?
나: 아니요, 바빠서 만나지 못했어요.
B: No, no tuve tiempo y no pude.

(2) 가: 어제 영화를 봤어요?
A: ¿Ayer vio una película?
나: 아니요, 숙제가 많아서 영화를 보지 못했어요.
B: No, no la vi porque tuve mucha tarea.

(3) 가: 점심 먹었어요?
A: ¿Almorzó?
나: 아니요, 배가 아파서 먹지 못했어요.
B: No, no almorcé porque me dolía el estómago.

(4) 가: 도서관에서 책을 빌렸어요?
A: ¿Sacó un libro de la biblioteca?
나: 아니요, 시간이 없어서 빌리지 못했어요.
B: No, no lo saqué porque no tuve tiempo para ir.

3~4.

가: 에릭 씨, 지난 토요일에 영화를 보러 갔어요?
A: Eric, ¿fue a ver una película el sábado pasado?
나: 아니요. 지난 토요일에 영화를 보지 못했어요.
B: No, no la vi el sábado pasado.
가: 왜요? 무슨 일이 있었어요?
A: ¿Por qué no? ¿Qué pasó?
나: 일이 많아서 회사에 갔어요.
영화는 이번 금요일에 보러 갈 거예요.
B: Fui al trabajo porque tenía mucho que hacer. Este viernes iré a ver la película.

5~6.

가: 에릭 씨, 주말에 부산에 갔어요?
A: Eric, ¿fue a Busan el pasado fin de semana?
나: 아니요, 표를 잘못 사서 부산에 가지 못했어요.
B: No, compré mal el billete y no pude.
가: 토요일 표를 예매하지 않았어요?
A: ¿No reservó el billete del sábado?
나: 제가 토요일 표를 사지 않고 금요일 표를 샀어요.
B: Resulta que no compré el billete del sábado, sino del viernes.
가: 그럼 주말에 뭘 했어요?
A: Entonces, ¿qué hizo durante el fin de semana?
나: 친구하고 남대문 시장을 구경했어요.
B: Fui a dar una vuelta por el mercado de Namdemun con un amigo.

Unidad 9 - Unidad 10 Repaso

I.

Diario de Nora
Jueves, seis de junio
A Huong y mí nos gustan las canciones coreanas.
Nosotras vamos a ir a un concierto de un cantante coreano.
La semana pasada también fui al concierto de un cantante coreano.
Pero no pude ver su concierto porque no había reservado entrada.
Así que hoy hemos reservado entradas.
El concierto es en el COEX a las 7 de la tarde el próximo sábado.
Los fines de semana hay mucha gente en el COEX, pero es divertido.
Hay un parque del río Han cerca.
Nos reuniremos en el COEX el próximo sábado a las 12.
Primero vamos a ir al COEX y parque del río Han y luego vamos a ir al concierto.

II.

가: 노라 씨, 다음 주말에 '소녀시대'의 콘서트가 있어요. 우리 같이 보러 갈까요?
A: Nora, el próximo fin de semana es el concierto de 'Boys' Generation'. ¿Vamos juntas a verlos?
나: 좋아요. 흐엉 씨. 저는 지난 주말에 예매를 안 해서 콘서트를 보지 못했어요.
B: De acuerdo, Huong. No vi su concierto el pasado fin de semana, ya que no había reservado entrada.
가: 그럼 먼저 예매를 하고 갑시다. 음... 콘서트는 강남에서 하고 시간은 다음 주 토요일 오후 7시예요.
A: Entonces, primero hagamos la reserva. Mmm... el concierto es en Gangnam y la hora es a las 7 de la tarde el próximo sábado.
나: 저는 괜찮아요. 흐엉 씨도 괜찮아요?
B: Por mí no hay problema. ¿Está bien para usted también?
가: 저도 좋아요. 자, 예매를... 했습니다!
A: Claro que sí. ¡Ya está reservado!
나: 빨리 콘서트를 보고 싶어요.
B: Ya quiero ver el concierto.

Cultura coreana: Senderismo

Hay muchas montañas en Corea. Las montañas más famosas son las de Seorasksan, Hallasan y Jirisan. En Seúl hay muchas montañas como Bukhansan, Dobongsan, Namsan y Gwanaksan. Por lo tanto, los fines de semana se puede ver a muchas personas haciendo senderismo. El senderismo es uno de los pasatiempos favoritos de Corea. Especialmente en primavera y otoño, cuando hace buen tiempo, mucha gente se va de excursión.

Unidad 11

<1> Citas.

Objetivo de la lección: Comprender cómo concertar citas.

Vocabulario

약속 시간 **hora de la cita** 약속 장소 **lugar de la cita**
약속을 하다 **concertar una cita**
후 **después**
단어 시험 **vocabulario para el examen**
그럽시다 **de acuerdo** 예습 **estudio previo**

- **Vamos a leer**

Todas las mañanas estudio coreano.
Después de terminar las clases, almuerzo y luego hago los deberes en la biblioteca.
La biblioteca está en silencio, por eso voy allí frecuentemente para hacer los deberes.
Después de hacer la tarea voy a la casa de huéspedes.
Después de cenar en la casa de huéspedes, paseo cerca de allí.
A veces juego al ping-pong con mi amigo.
Normalmente, los fines de semana, tengo planes.
Veo una película y voy a un concierto con mi amigo.
Este fin de semana, después de ver una película con mi amigo, quiero ir de compras.

- **Vamos a escuchar**

1.

(1) 머리가 좀 아프니까 내일 만납시다.
Nos vemos mañana, ya que me duele un poco la cabeza.

(2) 오늘 바쁘니까 내일 만납시다.
Nos vemos mañana porque hoy estoy muy ocupado.

(3) 예쁘니까 이 가방을 사고 싶어요.
Quiero comprar este bolso porque es muy bonito.

(4) 값이 싸니까 이 가방을 사고 싶어요.
Quiero comprar este bolso porque es barato.

2.

(1) 숙제를 한 후에 빨래를 해요.
Lavo la ropa después de hacer la tarea.

(2) 수업을 들은 후에 아르바이트를 하러 가요.
Voy a trabajar a tiempo parcial después de ir a clase.

(3) 영화를 본 후에 저녁을 먹어요.
Ceno después de ver la película.

(4) 불고기를 만든 후에 가족과 같이 먹어요.
Como bulgogui junto a mi familia después de prepararlo.

3~4.

가: 흐엉 씨, 이번 일요일에 약속이 있어요?
A: Huong, ¿tiene alguna cita para este domingo?
나: 아니요, 없어요. 다음 주에 단어 시험이 있으니까 오전에 공부를 할 거예요.
B: No, no tengo. Pienso estudiar por la mañana porque tengo examen de vocabulario la próxima semana.
가: 그럼 공부를 한 후에 백화점에서 같이 쇼핑을 할까요?
A: ¿Por qué no vamos de compras al centro comercial después de estudiar un poco?
나: 좋아요. 노라 씨. 씨티백화점 앞에서 두 시에 만납시다.
B: Me parece bien, Nora. Nos vemos a las dos enfrente del centro comercial City.

5~6.

가: 에릭 씨, 이번 토요일에 약속이 있어요?
A: Eric, ¿tiene alguna cita este sábado?
나: 아니요. 없어요. 숙제가 좀 많으니까 오전에 숙제를 할 거예요.
오후에는 시간이 있어요.
B: No, no tengo. Haré las tareas por la mañana porque tengo muchas. Tengo más o menos libre la tarde.
가: 그럼 숙제를 한 후에 같이 축구를 할까요.?
A: ¿Qué le parece si jugamos al fútbol después de hacer las tareas?
나: 좋아요. 축구를 한 후에 저녁도 같이 먹을까요?
B: Perfecto. ¿Y si cenamos después del fútbol?
가: 그럽시다. 그럼 몇 시에 어디에서 만날까요?
A: ¡Claro! ¿A qué hora y dónde nos vemos?
나: 한 시에 호세 씨 집 근처 공원 앞에서 만납시다.
B: A la una nos vemos enfrente del parque cerca de la casa de José.

<2> Planes para el fin de semana.

Objetivo de la lección: Comprender los planes del fin de semana.

Vocabulario

영화관 **cine** 미술관 **galería de arte**
카페 **cafetería**
놀이공원 **parque de atracciones**
서울대공원 **Gran Parque de Seúl**
여러가지 **varios** 놀이기구 **atracciones**
무섭다 **dar miedo**
한글박물관 **Museo del Idioma Coreano**
쯤 **aproximadamente** 종로 **Jongro**
결혼을 하다 **casarse** 결혼식 **boda**
칼국수 **kalguksu**

- **Vamos a leer.**

Jessica quedó con su novio el fin de semana.
Su novio quería ir a un parque de atracciones, así que fueron al Gran Parque de Seúl.

El Gran Parque de Seúl es muy espacioso y hermoso.
Además, hay un parque de atracciones y una galería de arte.
Hacía frío, pero había mucha gente en el Gran Parque de Seúl.
Los dos fueron a la galería de arte primero.
Vieron los cuadros de la galería de arte y luego pasearon.
Además, después de almorzar, fueron al paseo del parque de atracciones.
Se montaron en varias atracciones.
Daba un poco de miedo, pero era divertido.

- **Vamos a escuchar**

1.

(1) 두 시나 세 시에 만납시다.
Nos vemos a las dos o tres.

(2) 주말에 청소나 등산을 합니다.
Los fines de semana hago limpieza o voy a la montaña.

(3) 된장찌개나 삼계탕을 먹고 싶어요.
Quiero comer dwenjangjjigae o samgyetang.

(4) 카페나 영화관에서 친구를 만나요.
Quedo con mis amigos en una cafetería o en el cine.

2.

(1) 가: 날씨가 좋은데 산책할까요?
A: ¿Vamos de paseo ya que hace buen tiempo?
나: 좋아요. 산책하러 갑시다.
B: Bien, vamos a pasear.

(2) 가: 저 식당에 사람이 많지 않은데 저 식당에 갈까요?
A: En ese restaurante no hay mucha gente. ¿Vamos ahí?
나: 네, 그럽시다.
B: Sí, de acuerdo.

(3) 가: 오늘은 일이 많은데 내일 만날까요?
A: Hoy tengo mucho que hacer. ¿Qué tal si nos vemos mañana?
나: 네, 그럼 내일 만납시다.
B: Vale, nos vemos mañana.

(4) 가: 더운데 창문을 좀 열까요?
A: ¿Por qué no abrimos la ventana? Es que hace calor.
나: 네, 그럽시다.
B: Sí, hagámoslo.

3~4.

가: 유키 씨, 용산에 한글박물관이 있는데 같이 갈까요?
A: Yuki, ¿quiere que vayamos al museo de idioma coreano en Yongsan?
나: 그래요? 주말에 시간이 있는데 이번 토요일에 갈까요?
B: Ah, ¿sí? Tengo libre este in de semana, ¿qué tal si vamos este sábado?
가: 네, 좋아요. 오후에는 사람이 많으니까 오전에 갑시다.
A: Está bien. Vamos por la mañana ya que por la tarde hay más gente.
나: 네, 그럼 10시나 11시쯤에 만날까요?
B: Sí, ¿nos vemos a las diez u once?

5~6.

가: 올리비아 씨, 내일 친구가 종로에서 결혼을 하는데 같이 갈까요?
A: Olivia, tengo un amigo que se casa mañana en Jongro. ¿Quiere ir conmigo?
나: 좋아요, 윤아 씨. 저도 한국에서 결혼식을 보고 싶었어요.
B: Está bien, Yuna. Quiero ver una boda en Corea.
가: 네, 그럼 결혼식이 끝난 후에 명동이나 남대문시장에 갈까요?
A: Sí. ¿Qué tal si vamos a Myeongdong o Namdemun al terminar la boda?
나: 그래요. 저는 명동에서 쇼핑을 하고 싶어요.
B: Sí. Quiero ir de compras a Myeongdong.
가: 그럽시다. 쇼핑을 하고 저녁도 같이 먹을까요?
A: Bien. ¿Por qué no vamos de compras y cenamos también?
나: 네, 명동에서 칼국수를 먹읍시다.
B: Sí, vamos a comer kalguksu en Myeongdong.

Unidad 12

<1> La Familia.

Objetivo de la lección: Comprender cosas sobre la historia familiar.

Vocabulario

모두 **todo**	동생 **hermano/-a menor**
누나 **hermana mayor (de un hombre)**	
할머니 **abuela**	계시다 **estar(honorífico)**
아버지 **padre**	명 **contador de personas**
형 **hermano mayor (de un hombre)**	
여동생 **hermana menor**	부모님 **padres**
뉴욕 **Nueva York**	생물학 **biología**
되다 **ser**	노래 **canción**
춤 **baile**	할아버지 **abuelo**
시장 **mercado**	신문 **periódico**
형제 **hermano**	남동생 **hermano menors**
고등학생 **estudiante de bachillerato**	
하노이 **Hanoi**	여행사 **agencia de viajes**

- **Vamos a leer**

En total, somos 5 en mi familia.
Mi padre y mi madre, mi hermano mayor, mi hermana menor y yo.
Mis padres están en Brasil.
Mi padre es doctor y mi madre es profesora.
Mi madre enseña inglés.
Mi hermano mayor es oficinista y trabaja en Nueva York, en Estados Unidos.
Mi hermana menor estudia biología en la universidad.
El año pasado vine a Corea porque quiero ser cantante.
Ahora estoy estudiando mucho coreano en Corea.
También aprendo a cantar y a bailar.

- **Vamos a escuchar**

1.

(1) 할아버지께서 주무십니다.
Mi abuelo duerme.

(2) 할머니께서 책을 보십니다.
Mi abuela lee un libro.

(3) 어머니께서 운동하십니다.
Mi madre hace ejercicio.

(4) 아버지께서 요리하십니다.
Mi padre cocina.

2.

(1) 가: 어머니께서 지금 무엇을 하십니까?
A: ¿Qué está haciendo la madre?
나: 시장에서 과일을 사십니다.
B: Compra fruta en el mercado.

(2) 가: 언니는 무엇을 합니까?
A: ¿Qué hace la hermana mayor?
나: 빨래를 합니다.
B: Lava la ropa.

(3) 가: 할머니께서 무엇을 하십니까?
A: ¿Qué hace la abuela?
나: 빵을 잡수십니다.
B: Come pan.

(4) 가: 아버지께서 무엇을 하십니까?
A: ¿Qué hace el padre?
나: 신문을 보십니다.
B: Lee el periódico.

3~4.

가: 우진 씨, 형제가 있습니까?
A: Woojin, ¿tiene hermanos?
나: 네, 여동생이 있습니다.
B: Sí, tengo una hermana menor.
가: 동생은 무엇을 합니까?
A: ¿Qué hace su hermana?
나: 제 동생은 고등학생입니다. 의사가 되고 싶어합니다.
B: Mi hermana es estudiante del bachillerato. Dice que quiere ser doctora.

5~6.

가: 흐엉 씨, 부모님께서 어디에 계십니까?
A: Huong, ¿dónde están sus padres?
나: 베트남 하노이에 계십니다.
B: Están en Hanoi, Vietnam.
가: 흐엉 씨 부모님은 무엇을 하십니까?
A: ¿Qué hacen sus padres?
나: 아버지는 은행에서 일하시고 어머니는 여행사에서 일하십니다.
B: Mi padre trabaja en un banco y mi madre, en una agencia de viajes.
가: 그럼 어머니께서 한국에도 오십니까?
A: Entonces, ¿su madre viene a Corea a veces?
나: 네, 여행사에서 일하셔서 가끔 오십니다.
B: Sí, viene a veces por su trabajo en la agencia de viajes.

<2> Mi abuela.

Objetivo de la lección: Comprender cosas sobre las aficiones de la familia.

Vocabulario

노래를 부르다 **cantar** 사진을 찍다 **hacer fotos**
창덕궁 **palacio Changdeok**

- **Vamos a leer**

Esta es mi abuela.
Mi abuela es profesora de cocina.
Ella es muy famosa porque enseña muy bien.
Le gustan los cantantes coreanos.
Por eso, en casa escucha mucha música coreana.
Mi abuela quiere ir al concierto de un cantante coreano.
Por eso, reservé unas entradas para el concierto.
La próxima semana vendrá a Corea.
Voy a ir al concierto con mi abuela.
Después del concierto, iremos a comer comida coreana.

- **Vamos a escuchar**

1.

(1) 아버지께서 학교에 가세요.
Mi padre va a la escuela.

(2) 할아버지께서 창문을 닫으세요.
Mi abuelo cierra la ventana.

(3) 할머니께서 불고기를 만드세요.
Mi abuela cocina bulgogi.

(4) 어머니께서 일찍 주무세요.
Mi madre se acuesta temprano.

2.

(1) 윤아 씨, 윤아씨는 무슨 음식을 좋아하세요?
Yuna, ¿qué comida le gusta?

(2) 윤아 씨 아버지께서 무슨 음식을 좋아하세요?
Yuna, ¿cuál es la comida favorita de su padre?

(3) 윤아 씨, 윤아 씨는 어디에 사세요?
Yuna, ¿dónde vive usted?

(4) 윤아 씨 할아버지께서 어디에 사세요?
Yuna, ¿dónde vive su abuelo?

3~4.

가: 존 씨, 어머니께서 어디에 계세요?
A: John, ¿dónde está su madre?
나: 케냐에 계세요. 선생님이세요.
B: Está en Kenia. Es profesora.
가: 어머니께서 무엇을 좋아하세요?
A: ¿Qué le gusta a su madre?
나: 그림을 좋아하세요. 그림을 자주 그리세요.
B: Le gusta la pintura. Ella pinta a menudo.

5~6.

가: 우진 씨, 다음 주에 우리 부모님께서 한국에 오세요. 부모님하고 어디에 갈까요?

A: Woojin, la próxima semana vienen mis padres a Corea. ¿Adónde cree que deberíamos ir?

나: 에릭 씨 부모님께서 무엇을 좋아하세요?

B: ¿Qué les gusta a sus padres, Eric?

가: 사진을 좋아하세요. 사진을 많이 찍으세요.

A: Les gustan las fotos. Hacen muchas fotos.

나: 그럼 창덕궁에 가세요. 창덕궁이 아름다워서 사람들이 사진을 찍으러 많이 가요.

B: Entonces deberían ir al palacio Changdeok. Es un lugar hermoso que visita mucha gente para hacer fotos.

가: 창덕궁을 구경하고 점심에 무엇을 먹을까요?

A: Después de dar una vuelta por el palacio Chandokgung, ¿qué sugiere que almorcemos?

나: 삼계탕이 맵지 않으니까 삼계탕을 드세요.

B: Diría que samgyetang porque no es picante.

Unidad 11 - Unidad 12 Repaso

Unidad 11 – Unidad 12 Vocabulario

I.

가: 윤아 씨는 고향에 자주 가세요?

A: Yuna, ¿va mucho a su ciudad natal?

나: 네, 자주 가요. 제주도는 경치가 아름다우니까 유키 씨도 한번 놀러 오세요.

B: Sí, voy mucho. La isla de Jeju tiene un hermoso paisaje, así que debería visitarla, Yuki.

가: 저도 시험이 끝난 후에 제주도에 가고 싶어요.

A: Quiero ir a la isla de Jeju después del examen.

나: 그럼 이번 주말에 같이 제주도에 갈까요?

B: Entonces, ¿qué tal si vamos juntos este in de semana?

가: 제가 이번 주말은 좀 바쁜데 다음 주말은 어때요?

A: Este fin de semana estoy un poco ocupado. ¿Qué tal el siguiente?

나: 다음 주말도 괜찮아요. 우리 집에 방이 많으니까 우리 집에 오세요.

B: El siguiente in de semana está bien para mí Puede quedarse en mi casa porque tengo muchas habitaciones.

가: 정말이요? 감사합니다. 그럼 토요일 몇 시에 가요?

A: ¿En serio? Gracias. ¿A qué hora podría llegar el sábado?

나: 오전 10시나 11시는 어때요?

B: ¿Qué tal a las diez u once?

II.

En total, somos 4 en mi familia.
Mis padres están en la isla de Jeju y mi hermano mayor y yo vivimos en Seúl.
Mi padre es empleado.
Le gusta hacer fotos, así que a menudo va a la montaña o al mar para sacarlas.
Mi madre es profesora. Lee muchos libros.
Mi hermano mayor es periodista. Su pasatiempo es cocinar.
Soy estudiante de bachillerato. Como me gusta el dibujo, suelo dibujar a menudo.

Cultura coreana: Hablar de manera formal (honorífica) e informal (coloquial)

En Corea, basándonos en la persona que está escuchando y hablando, se usan el habla formal y el informal. Cuando nos encontramos con una persona por primera vez o una persona es mayor, se usa un registro formal. Cuando una persona es un amigo cercano o una persona más joven, se usa un registro informal. Cuando estamos en el trabajo o en un entorno formal, hay que usar '- 습니다 / ㅂ니다'.

Unidad 13

<1> Mercado de Dongdaemun.

Objetivo de la lección: Comprender las cosas sobre las compras.

Vocabulario

짧다 **ser corto**	무겁다 **ser pesado**
두껍다 **ser grueso**	구두 **zapatos**
얇다 **ser fino/delgado**	차 **coche**
보다 **más que/menos que**	더 **más**
여기요 **¡Perdone!**	얼마 **cuánto**
코트 **abrigo**	
동대문시장 **mercado de Dongdaemun**	
다르다 **ser diferente**	언제나 **siempre**
아내 **esposa**	하얀색 **blanco**
와이셔츠 **camisa**	
운동화 **zapatillas de deporte**	

- **Vamos a leer**

Vivo cerca de Dongdaemun.
Por eso, a menudo voy al mercado de Dongdaemun que hay cerca de casa.
En el mercado de Dongdaemun hay muchas cosas bonitas y buenas.
El precio no es tan caro como en otros mercados.
Las dueñas de las tiendas son amables también.
Por eso, siempre hay mucha gente.
La semana pasada, fui al mercado de Dongdaemun con mi esposa.
Me compré una camisa blanca.
Mi esposa se compró unas zapatillas de deporte.
Las zapatillas de deporte eran baratas y muy bonitas.

- **Vamos a escuchar**

1.

(1) 얇은 책을 샀어요.
Compré un libro delgado (de pocas páginas).

(2) 저는 긴 치마를 자주 입어요.
Muchas veces me pongo faldas largas.

(3) 비싼 차를 사고 싶어요.
Yo quiero comprar un coche caro.

(4) 큰 가방을 좋아해요.
Me gustan los bolsos grandes.

2.

(1) 가: 빵을 좋아해요?
A: ¿Le gusta el pan?
나: 아니요, 저는 빵보다 밥을 좋아해요.
B: No, prefiero el arroz al pan.

(2) 가: 누가 더 커요?
A: ¿Quién es más alta?
나: 언니보다 동생이 더 커요.
B: La hermana menor es más alta que la hermana mayor.

(3) 가: 기숙사가 좋아요? 하숙집이 좋아요?
A: ¿Le gusta más una residencia o un piso compartido?
나: 저는 기숙사보다 하숙집이 좋아요.
B: Me gusta más un piso compartido que una residencia.

(4) 가: 축구가 재미있어요? 야구가 재미있어요?
A: ¿Es más divertido el fútbol o el béisbol?
나: 야구보다 축구가 재미있어요.
B: El fútbol es más divertido que el béisbol.

3~4.

가: 노라 씨, 무슨 옷을 사고 싶어요?
A: Nora, ¿qué ropa desea comprar?
나: 저는 치마를 사고 싶어요. 이 긴 치마가 어때요?
B: Quiero comprar unos pantalones. ¿Qué le parece este pantalón largo?
가: 긴 치마보다 짧은 치마가 더 예뻐요. 값도 싸요.
A: Me parece más bonito el corto que el largo. Además, es más barato.
나: 그럼 이 짧은 치마를 살까요? 여기요, 이 치마가 얼마예요?
B: ¿Entonces debería comprar este pantalón corto? Oiga, ¿cuánto cuesta este pantalón?

5~6.

가: 노라 씨, 오늘 오후에 같이 쇼핑하러 갈까요?
A: Nora, ¿vamos juntas de compras esta tarde?
나: 좋아요. 어디에 갈까요?
B: Claro que sí. ¿Adónde vamos?
가: 코엑스는 어때요? 코엑스에 예쁜 옷가게가 많아요. 백화점보다 값도 싸요.
A: ¿Qué tal el COEX? En el COEX hay muchas tiendas de ropa bonita. Además, venden a un mejor precio que en los centros comerciales.
나: 그래요? 윤아 씨는 코엑스에서 무엇을 사고 싶어요?
B: ¿Sí? ¿Qué piensa comprar en el COEX, Yuna?
가: 저는 긴 코트를 사고 싶어요. 노라 씨는 무엇을 사고 싶어요?
A: Quiero comprar un abrigo largo. Y Nora, ¿usted qué quiere comprar?
나: 저는 가방을 사고 싶어요.
B: Yo quiero comprar un bolso.

<2> Ir de compras.

Objetivo de la lección: Comprender las unidades de medida relacionadas con las compras.

Vocabulario

권 volumen	벌 conjunto
장 página	자루 pieza
켤레 par	만 diez mil
신발 zapato	광화문 Gwanghwamun
시디(CD) cedé(CD)	양말 calcetines
한복 hanbok	

- **Vamos a leer**

Ayer, fui de compras con un amigo a Myeongdong
En Myeongdong hay muchas tiendas de ropa.
Mi amigo se compró una camiseta y unos pantalones.
El precio de los 2 fue de 75,000 wones.
Yo me compré unos zapatos en la zapatería.
El par de zapatos fueron 90,000wones.
Después de las compras, fuimos a la librería que está en Gwanghwamun.
Compré un libro en la librería.
Mi amigo compró un CD de su cantante favorito en la tienda de al lado de la librería.
Estaba cansado, pero fue un día divertido.

- **Vamos a escuchar**

1.

(1) 양말 네 켤레에 만 원입니다.
Cuatro pares de calcetines son diez mil wones.

(2) 티셔츠 세 벌에 삼만 원입니다.
Tres camisetas son treinta mil wones.

(3) 공책 두 권에 삼천 원입니다.
Dos cuadernos son tres mil wones.

(4) 연필 한 자루에 팔백 원입니다.
Cada lápiz son ochocientos wones.

2.

(1) 가 : 누가 동생이에요?
A : ¿Quién es el hermano menor?
나 : 만화책을 읽는 사람이 동생이에요.
B : El que lee el tebeo es el hermano menor.

(2) 가 : 누가 제임스 씨예요?
A : ¿Quién es James?
나 : 세수하는 사람이 제임스 씨예요.
B : Es el que se lava la cara.

...해진 씨예요.
...á cocinando.
...인 씨예요?
...en es Jane?
...래를 듣는 사람이 제인 씨예요.
...la que escucha las canciones.

...쇼핑하러 자주 가는 곳이 어디예요?
...: ¿A qué lugar va normalmente de compras?
나: 제가 자주 가는 곳은 홍대 앞이에요.
B: Yo voy a menudo a la zona universitaria de Hongdae.
가: 저도 이 양말을 홍대 앞에서 샀어요. 세 켤레에 만원이에요.
A: Yo también compré estos calcetines en la zona universitaria de Hongdae. Compré tres pares de éstos a diez mil wones.
나: 양말이 아주 예뻐요.
B: Son muy bonitos.

5~6.
가: 한복을 빌리고 싶어요.
A: Quisiera alquilar un Hanbok.
나: 여기 예쁜 한복이 많이 있어요. 구경하세요.
B: Aquí hay muchos muy bonitos. Mírelos
가: 세 시간에 얼마예요?
A: ¿Cuánto cobran por alquilarlo tres horas?
나: 한 시간에 만 원이에요. 세 시간에는 이만 오천 원이에요.
B: Son diez mil wones por hora. Tres horas son sólo veinticinco mil wones.
가: 여자들이 많이 입는 한복이 어떤 거예요?
A: ¿Cuál de estos es el más famoso entre las chicas?
나: 여자들은 이 노란색 한복을 많이 입어요.
B: Muchas chicas usan este hanbok amarillo.

Unidad 14

<1> Regalo de cumpleaños.

Objetivo de la lección: Comprender cosas sobre la preparación de los regalos de cumpleaños.

Vocabulario

생일 cumpleaños
소설책 novela
액세서리 accesorios
빵집 panadería
화장품 cosméticos
선물 regalo
상품권 cupón de compras
넥타이 corbata
준비하다 preparar

- **Vamos a leer**

Ayer fue el cumpleaños de mi novio.
Fui al centro comercial para comprar su regalo.
Fui al tercer piso, a la sección de hombres.
Había mucha ropa de hombre, pero era un poco cara.
Mi novio es oficinista, así que siempre lleva corbata.
Por eso compré una corbata.
Luego fui a la panadería en el sótano del centro comercial.
Allí también compré un pastel hermoso.
Por la noche, le di a mi novio su regalo.
Le gustó muchísimo.

- **Vamos a escuchar**

1.
(1) 누나가 남동생에게 소설책을 선물했어요.
La hermana mayor le regaló una novela a su hermanito.
(2) 오빠한테 여동생이 옷을 선물할 거예요.
La hermana menor va a regalarle ropa a su hermano mayor.
(3) 여동생이 어머니께 자주 전화를 해요.
La hermana menor llama frecuentemente por teléfono a su madre.
(4) 학생에게 선생님이 공책을 줍니다.
El profesor le da un cuaderno a un alumno.

2.
(1) 가: 요즘 바빠요?
A: ¿Está ocupado estos días?
나: 네, 할 일이 많아요.
B: Sí, tengo mucho que hacer.
(2) 가: 어디에 가요?
A: ¿Adónde va?
나: 마실 것을 사러 편의점에 가요.
B: Voy a una tienda 24 horas a comprar algo de beber.
(3) 가: 무엇을 샀어요?
A: ¿Qué compró?
나: 내일 아침에 먹을 빵을 샀어요.
B: Compré pan para mañana por la mañana.
(4) 가: 이게 뭐예요?
A: ¿Qué es esto?
나: 여자 친구에게 줄 선물이에요.
B: Es un regalo para mi amiga.

3~4.
가: 윤아 씨에게 줄 선물을 준비했어요?
A: ¿Ha preparado un regalo para Yuna?
나: 아니요, 준비하지 못했어요. 같이 살까요?
B: No, no lo he preparado aún. ¿Lo compramos juntos?
가: 좋아요. 무엇을 살까요?
A: Ok, ¿qué deberíamos comprarle?
나: 여자들이 좋아하는 액세서리를 삽시다.
B: Vamos a comprar unos accesorios que tanto les gustan a las chicas.

5~6.

가: 리타오 씨, 오늘 뭘 할 거예요?

A: Lithao, ¿qué va a hacer hoy?

나: 어머니께 드릴 선물을 사러 명동에 갈 거예요.

B: Iré a Myeongdong a comprar un regalo para mi madre.

가: 무엇을 살 거예요?

A: ¿Qué le comprará?

나: 화장품을 살 거예요. 어머니가 한국 화장품을 좋아하세요.

B: Compraré cosméticos. Le gustan los cosméticos coreanos.

가: 저도 옷을 사러 명동에 갈 거예요. 같이 갈까요?

A: Yo también voy a ir a Myeongdong a comprar ropa. ¿Vamos juntos?

나: 좋아요. 노라 씨, 저는 여자 화장품을 잘 모르니까 도와주세요.

B: Claro que sí, Nora. Usted me puede ayudar porque no sé mucho sobre cosméticos.

<2> Fiesta de cumpleaños.

Objetivo de la lección: Comprender las cosas sobre la preparación de un cumpleaños.

Vocabulario

케이크 **tarta** 자르다 **cortar**
고르다 **elegir**
카드를 쓰다 **escribir la tarjeta**
치즈 **queso**
생일 축하 노래 **canción de cumpleaños**
생일파티 **fiesta de cumpleaños**
연습하다 **practicar**

• Vamos a leer

29 de mayo

Hoy fue el cumpleaños de John.
Por la tarde, mis amigos y yo elegimos su regalo y le escribimos una tarjeta.
También compramos el pastel de queso favorito de John.
Por la noche, le hicimos una fiesta de cumpleaños en un restaurante.
Todos los compañeros vinieron a la fiesta.
Cantamos la canción de cumpleaños que habíamos ensayado.
Le dimos a John su regalo y su tarjeta.
A John le gustó el regalo que elegimos.
Nos comimos el pastel y contamos muchas historias divertidas.

• Vamos a escuchar

1.

(1) 선물을 받은 사람이 마이클
El que recibió el regalo es Mic

(2) 짧은 바지를 입은 사람이 웨이 씨예요.
Quien lleva los pantalones cortos es

(3) 창문을 연 사람이 리에 씨예요.
Quien abrió la ventana es Lie.

(4) 숙제를 한 사람이 제인 씨예요.
La que hizo las tareas es Jane.

2.

(1) 가: 어제 먹은 음식이 뭐예요?
A: ¿Qué es lo que comió ayer?
나:불고기예요.
B: Es bulgogui.

(2) 가: 어제 같이 공부한 사람이 누구예요?
A: ¿Quién es la persona con la que estudió ayer?
나: 리타오 씨예요.
B: Es Lithao.

(3) 가: 서점에서 산 책이 뭐예요?
A: ¿Cuál es el libro que compró en la librería?
나: 해리포터예요.
B: Es Harry Potter.

(4) 가: 어제 집에서 읽은 게 뭐예요?
A: ¿Qué es lo que leyó en casa ayer?
나: 신문이에요.
B: Es un periódico.

3~4.

가: 존 씨, 우리가 준비한 생일 선물이에요.

A: John, éste es el regalo de cumpleaños que nosotros preparamos para usted.

나: 고마워요. 누가 골랐어요?

B: Gracias. ¿Quién lo escogió?

가: 노라 씨가 골랐어요.

A: Lo escogió Nora.

나: 가방이 가볍고 좋아요.

B: Este bolso es ligero y me gusta.

5~6.

가: 어제 리타오 씨 생일 파티가 정말 재미있었어요.

A: Fue muy divertida la fiesta de cumpleaños de Lithao ayer.

나: 우리가 파티 준비를 많이 했어요.

B: Es que preparamos mucho la fiesta.

가: 어제 먹은 케이크가 아주 맛있었어요. 어디에서 샀어요?

A: El pastel que comimos fue delicioso. ¿Dónde lo compraron?

나: 학교 앞에 있는 빵집에서 샀어요.

B: Lo compramos en la panadería enfrente de la universidad.

가: 아, 그래요? 어제 리타오 씨에게 선물한 책은 누가 골랐어요?

A: Ah, ¿sí? ¿Y quién escogió el libro que le regalaron ayer a Lithao?

나: 유키 씨가 골랐어요.

B: Yuki fue quien lo eligió.

Unidad 13 - Unidad 14 Repaso

I.

Ayer fui el cumpleaños de mi novia.
Así que fui a comprar un regalo para ella.
Primero fui a la floristería cerca de la universidad.
En la floristería había muchas flores hermosas.
Elegí las rosas rojas.
Una rosa eran 2,000 wones. Compré veinte rosas.
Y luego fui a la pastelería.
Compré un pastel de fresa que le gusta a mi novia.
Después de comprar las flores y el pastel, fui a ver a mi novia.
Le di a mi novia las flores y el pastel que preparé. Como le gustó, yo también estaba muy contento.

II.

가: 뭘 찾으세요?
A: ¿Qué busca?
나: 여자 친구에게 선물할 꽃을 찾아요.
B: Busco unas flores para regalarle a mi amiga.
가: 이 노란색 장미꽃은 어때요?
A: ¿Qué le parecen estas rosas amarillas?
나: 음... 여자 친구가 노란색보다 빨간색 장미꽃을 더 좋아해요.
B: Mmm... A ella le gustan más las rosas rojas que amarillas.
가: 여기 빨간색 장미꽃도 있어요.
A: Aquí también tenemos rojas.
나: 얼마예요?
B: ¿Cuánto es?
가: 한 송이에 이천 원이에요.
A: Dos mil wones cada rosa.
나: 스무 송이 주세요.
B: Deme veinte rosas.
가: 네, 잠깐만 기다리세요.
A: Claro que sí, espere un momento.

Cultura coreana: Moneda

La moneda usada en Corea es el won (₩). La moneda coreana tiene 4 tipos de billetes y 6 tipos de monedas. Los 4 tipos de billetes son de mil wones, cinco mil wones, diez mil wones y cincuenta mil wones. Los 6 tipos de monedas son de 1, de 5, de 10, de 100 y de 500 wones. Si va al Museo de Monedas del Banco de Corea, podrá ver la historia de los diferentes tipos de moneda coreana que fueron utilizadas hasta hoy.

Unidad 15

<1> Número de teléfono.

Objetivo de la lección: comprender actividades relacionadas con el teléfono.

Vocabulario

국가번호 **prefijo del país**
전화번호 **número de teléfono**
지역번호 **código regional** 전화(를) 하다 **llamar**
여보세요 **diga/dígame/aló** 여보세요 **hola**
알다 **saber** 잠깐만요 **un momento**
보여 주다 **mostrar** 이제 **ahora,ya**

- **Vamos a leer**

Olivia trabaja en la embajada.
Ella tiene mucho trabajo mañana y no podrá ir a la universidad.
Olivia quiere llamar al profesor, pero no sabe su número de teléfono.
Por eso, llama a Eric.

Olivia: ¿Hola, Eric? Soy Olivia.
Eric: ¿Hola? Olivia, ¿qué pasa?
Olivia: Eric, tiene el número del profesor Kim, ¿verdad?
Por favor, démelo.
Eric: Sí, un momento. Es el 010-1234-5678.
Olivia: Gracias, Eric.

- **Vamos a escuchar**

1.
(1) 사진을 찍어 주십시오.
Haga fotos, por favor.
(2) 저에게 전화해 주십시오.
Llámeme, por favor.
(3) 단어를 좀 써 주세요.
Escriba la palabra, por favor.
(4) 볼펜을 좀 빌려 주세요.
Présteme un bolígrafo, por favor.

2.
(1) 가: 오늘 덥지요?
A: Hace calor hoy, ¿verdad?
나: 네, 더워요.
B: Sí, hace calor.
(2) 가: 맵지요?
A: ¿Verdad que es picante?
나: 네, 조금 매워요.
B: Sí, es un poco picante.
(3) 가: 재미있지요?
A: ¿Verdad que es interesante?
나: 네, 재미있어요.
B: Sí, es interesante..

(4) 가: 책이 많지요?
A: ¿Verdad que hay muchos libros?
나: 네, 정말 많아요.
B: Sí, de verdad hay muchos.

3~4.

가: 하늘 씨, 전화번호가 몇 번이에요?
A: Haneul, ¿cuál es su número?
나: 제 전화번호는 010-2123-1004예요. 주앙 씨도 휴대 전화가 있지요? 전화번호가 몇 번이에요?
B: Mi número de teléfono es cero diez veintiuno veintitrés diez cero cuatro. Usted también tiene teléfono, ¿verdad, Juan? ¿Cuál es su número?
가: 저는 지금 전화가 없어요. 오늘 수업이 끝난 후에 사러 갈 거예요.
A: Yo no tengo teléfono ahora. Esta tarde me compraré uno después de las clases.
나: 그럼 내일 가르쳐 주세요.
B: Entonces, démelo mañana.

5~6.

가: 존 씨, 이것이 제가 어제 산 휴대전화예요.
A: John, éste es el móvil que me compré ayer.
나: 아, 그래요? 좀 보여 주세요. 전화번호가 몇 번이에요?
B: Ah, ¿sí? Déjeme verlo. ¿Cuál es su número?
가: 제 번호는 010-6029-0717이에요. 제 전화가 예쁘지요?
A: Mi número es cero diez sesenta veintinueve cero siete diecisiete. Es bonito mi teléfono, ¿verdad?
나: 네, 아주 예뻐요. 휴대전화가 있으니까 무엇을 하고 싶어요?
B: Sí, es muy bonito. Ahora que tiene un móvil, ¿qué quiere hacer con él?
가: 사진을 많이 찍고 싶어요.
존 씨도 휴대전화가 있지요? 존 씨는 무엇을 많이 해요?
A: Quiero hacer muchas fotos. Usted también tiene uno, ¿verdad? ¿Para qué lo usa, John?
나: 저는 게임을 자주 해요.
B: Yo juego con mi teléfono.

<2> Teléfono.

Objetivo de la lección: Comprender las actividades relacionadas con el teléfono.

Vocabulario

전화가 오다 recibir una llamada
회의 중 en una reunión
전화를 받다 recibir una llamada
전화를 걸다 llamar por teléfono
바꾸다 cambiar
연락을 받다 recibir una llamada

• Vamos a leer

Por la tarde recibió una llamada de Jane.
Eric estaba una reunión y no pudo responder su llamada.
Él llamó a Jane después de la reunión.
Jane contestó el teléfono.

Eric: Jane, ¿qué pasa?
Jane: Mira, tengo trabajo el fin de semana. ¿Puedo cambiar la hora de la cita?
Eric: Sí. Entonces, ¿cuándo te viene bien?
Jane: ¿Qué tal el próximo viernes a las 7 de la tarde?
Eric: Vale, de acuerdo.
Jane: Gracias por cambiarme la hora.
Eric: Entonces, nos vemos el próximo viernes a las 7 de la tarde.

• Vamos a escuchar

1.

(1) 중국말을 할 수 있어요.
Sé hablar chino.
(2) 한국 음식을 만들 수 있어요
Puedo hacer comida coreana.
(3) 수영할 수 없어요.
No puedo nadar.
(4) 학교에 갈 수 없어요.
No puedo ir a la universidad.

2.

(1) 아버지한테서 전화가 왔어요.
Tuve una llamada de mi padre.
(2) 여동생에게서 문자메시지를 받았어요.
Recibí un mensaje de texto de mi hermana menor.
(3) 여자 친구에게서 이메일이 왔어요
Tuve un correo electrónico de mi amiga.
(4) 여자친구한테서 선물을 받았어요.
Recibí un regalo de mi amiga.

3~4.

가: 여보세요? 호세 씨, 저 윤아예요. 선생님에게서 연락을 받았어요?
A: ¿Hola? Juan, soy Yuna. ¿Ha contactado el profesor con usted?
나: 아니요, 연락을 받지 못했어요. 무슨 일이에요?
B: No, no he recibido ninguna llamada suya. ¿Qué pasa?
가: 선생님이 내일 일이 있어서 등산을 갈 수 없어요.
A: Dice que el profesor tiene que trabajar mañana así que no puede ir a la montaña.
나: 그래요? 그럼 다음에 같이 가요.
B: Ah, ¿sí? Entonces vamos juntos en otra ocasión.

5~6.

가: 윤아 씨, 지금 전화할 수 있어요?
A: Yuna, ¿puede hablar ahora?
나: 네, 괜찮아요.
B: Sí, está bien.
가: 하늘 씨한테서 전화 받았어요?
A: ¿Ha recibido la llamada de Haneul?
나: 아니요, 받지 못했어요.
B: No, no he recibido ninguna llamada suya.

가: 내일 오후 6시에 우리 반 친구들이 신촌 백화점 앞에서 만나요. 같이 저녁을 먹을 거예요.
A: Mañana a las seis de la tarde, nos vemos todos los compañeros de clase enfrente del centro comercial Sinchon. Vamos a cenar juntos.
나: 네, 그럼 내일 만나요.
B: Vale, entonces nos vemos mañana.

Unidad 16

<1> Transporte.

Objetivo de la lección: Comprender el método y el tiempo que se tarda en el transporte.

Vocabulario

교통 transporte
지하철 metro
비행기 avión
인터넷 internet
편지 carta
고속버스 autobús exprés
전주 Jeonju
대전 Daejeon
장소 lugar
공항버스 autobús del aeropuerto
늦다 ser tarde
시험공부 estudiar para los exámenes
편하다 estar/ser cómodo
기분 estado anímico
공항 aeropuerto
자전거 bicicleta
택시 taxi
젓가락 palillos
종이 papel
기차 tren
강릉 Kangnung
KTX AVE
운전기사 taxista

- **Vamos a leer**

Yo trabajo a tiempo parcial en Gangnam.
Todos los días después de clase voy a mi trabajo a tiempo parcial.
Normalmente voy en autobús o en metro.
Hoy almorcé con mis amigos y luego estudié para los exámenes.
Era un poco tarde, así que cogí un taxi.
De la universidad a Gangnam fueron aproximadamente 40 minutos.
El taxi fue un poco más caro que el autobús, pero fue más rápido y cómodo.
Hablé en coreano con el taxista.
Fue un poco difícil, pero fue divertido.
Me alegré de poder hablar en coreano.

- **Vamos a escuchar**

1.
(1) 제가 인터넷으로 호텔을 예약했어요.
Yo hice una reserva por internet en el hotel.
(2) 저는 젓가락으로 라면을 먹을 수 있어요.
Yo puedo comer ramen usando los palillos.
(3) 저는 한국말로 편지를 쓸 수 있어요.
Yo puedo escribir en coreano una carta.
(4) 친구가 종이로 꽃을 만들었어요.
Un amigo hizo con papel una flor.

2.
(1) 가: 서울에서 전주까지 무엇을 타고 갔어요?
A: ¿Cómo fue de Seúl a Jeonju?
나: 기차로 갔어요.
B: Fui en tren.
(2) 가: 강릉에서 서울까지 얼마나 걸려요?
A: ¿Cuánto se tarda de Kangneung a Seúl?
나: 고속버스로 3시간 40분 걸려요.
B: Se tardan tres horas y cuarenta minutos en autobús.
(3) 가: 대전에서 부산까지 얼마나 걸려요?
A: ¿Cuánto se tarda de Daejeon a Busan?
나: 기차로 1시간 40분 걸려요.
B: Se tarda una hora y cuarenta minutos en tren.
(4) 가: 부산에서 서울까지 얼마나 걸려요?
A: ¿Cuánto se tarda de Busan a Seúl?
나: KTX로 2시간 반쯤 걸려요.
B: Se tardan dos horas y media en AVE.

3~4.
가: 늦었는데 택시를 타고 갈까요?
A: ¿Cogemos un taxi? Es que ya es tarde.
나: 아니요, 이 시간에는 교통이 복잡해요.
B: No, a estas horas hay mucho tráfico.
가: 그럼 뭘 타고 갈까요?
A: ¿Entonces cómo vamos?
나: 지하철로 갑시다. 약속 장소까지 20분 걸려요.
B: Vamos en metro. Tarda veinte minutos hasta nuestro destino.

5~6.
가: 흐엉 씨, 방학에 뭘 할 거예요?
A: Huong, ¿qué hará en las vacaciones?
나: 부모님과 같이 부산에 갈 거예요.
B: Iré con mis padres a Busan.
가: 기차로 갈 거예요? 비행기로 갈 거예요?
A: ¿Van a ir en tren? ¿o va a ir en avión?
나: 비행기를 타고 갈 거예요.
B: Iremos en avión.
가: 얼마나 걸려요?
A: ¿Cuánto tiempo se tarda?
나: 서울에서 부산까지 비행기로 50분쯤 걸려요.
B: De Seúl a Busan se tarda aproximadamente cincuenta minutos en avión.

<2> Autobús del aeropuerto.

Objetivo de la lección: Comprender las cosas sobre el uso del transporte público.

Vocabulario

정류장 parada
기차역 estación de tren
공항철도 ferrocarril del aeropuerto
고속버스터미널 terminal de autobuses exprés
맞다 ser correcto

- **Vamos a leer**

Lunes, 20 de septiembre

Hoy después de clase, fui al aeropuerto para encontrarme con mi amigo.
Cogí el ferrocarril del aeropuerto .
Subí al ferrocarril del aeropuerto desde la estación de Hongdae.
Estaba muy feliz porque el ferrocarril del aeropuerto era rápido y limpio.
Me encontré con mi amigo en el aeropuerto.
Mi amigo llegó un poco tarde.
La maleta de mi amigo era grande y pesada.
Cogimos el autobús del aeropuerto porque teníamos que caminar mucho hasta la estación.
Hay un autobús cada 15 minutos.
El autobús era un poco más caro que el ferrocarril del aeropuerto, pero era cómodo.

- **Vamos a escuchar**

1.

(1) 대구에 가는 버스는 30분마다 있습니다.
Cada media hora sale un autobús para Daegu.

(2) 부산에 가는 버스는 한 시간마다 있습니다.
Cada hora sale un autobús para Busan.

(3) 대전에 가는 버스는 두 시간마다 있습니다.
Cada dos horas sale un autobús para Daejeon.

(4) 광주에 가는 버스는 10분마다 있습니다.
Cada diez minutos sale un autobús para Gwangju.

2.

(1) 빨래를 해야 해요.
Tengo que lavar la ropa.

(2) 옷을 사야 해요.
Tengo que comprar ropa.

(3) 지하철을 타야 해요.
Tengo que coger el metro.

(4) 선물을 사야 해요.
Tengo que comprar un regalo.

3~4.

가: 다음 주에 같이 버스를 타고 안동에 갈까요?
A: ¿Vamos a Andong la próxima semana en autobús?
나: 네, 좋아요. 버스는 어디에서 타요?
B: Sí, está bien. ¿Dónde cogemos el autobús?
가: 고속버스터미널에서 타야 해요.
A: Lo tenemos que coger en la central de autobuses.
나: 안동에 가는 버스는 몇 분마다 있어요?
B: ¿Cada cuántos minutos hay autobuses para Andong?
가: 40분마다 있어요.
A: Cada cuarenta minutos.

5~6.

가: 하늘 씨, 고향이 경주지요?
A: Haneul, su pueblo natal es Kyongju, ¿verdad?
나: 네, 맞아요. 왜요?
B: Sí, así es. ¿Por qué?
가: 저도 다음 주에 경주에 가요. 하늘 씨는 경주까지 어떻게 가요?
A: Yo voy la próxima semana a Kyongju. ¿Usted cómo va a Kyongju?
나: 저는 기차가 편하니까 기차로 가요.
B: Como el tren es cómodo, yo voy en tren.
가: 기차는 어디에서 타요?
A: ¿Dónde coge el tren?
나: 서울역에서 타야 해요. 서울역에서 경주역까지 가는 기차는 1시간마다 있어요.
B: Tiene que cogerlo en la estación Seúl. Cada hora hay un tren que va desde Seúl hasta Kyongju.

Unidad 15 - Unidad 16 Repaso

Unidad 15 – Unidad 16 Vocabulario

상수동 **Sangsu-dong** 좀 **por favor**
문자 메시지 **mensaje de texto**
보내다 **mandar**

I.

에릭: 여보세요? 유키 씨예요?
Eric: ¿Hola? ¿Está Yuki?
유키: 안녕하세요? 에릭 씨. 제가 내일 동생과 상수동에 가요. 맛있는 식당을 좀 가르쳐 주세요.
Yuki: ¿Hola? Eric, mañana mi hermano y yo vamos a Sangsudong. Recomiéndeme un buen restaurante, por favor.
에릭: 상수동에 있는 존스피자가 맛있어요. 그런데 손님이 많아서 예약을 해야 해요.
Eric: En John's Pizza se come bien, pero debería hacer una reserva porque siempre hay mucha gente ahí.
유키: 그래요? 피자 가게 전화번호도 좀 가르쳐 주세요.
Yuki: ¿Sí? ¿Me daría el número de la pizzería?
에릭: 네, 잠깐만요. 337-9124예요.
Eric: Claro, un momento. Es el 337-9124.
유키: 고마워요. 신촌에서 버스로 갈 수 있어요?
Yuki: Gracias. ¿Se puede llegar en autobús desde Sinchon?
에릭: 네, 신촌역에서 존스피자까지 버스로 10분쯤 걸려요. 버스는 5분마다 와요.
Eric: Sí, desde la estación de Sinchon a John's Pizza se tarda como diez minutos. Y pasan autobuses cada cinco minutos.
유키: 정말 고마워요, 에릭 씨. 월요일에 만나요.
Yuki: Muchas gracias, Eric. Nos vemos el lunes.

II.

Yuki quería ir a la pizzería en Sangsudong con su hermano menor.
Cogieron un autobús cerca de la estación de Sinchon.
No sabían dónde bajarse así que le mandaron un

mensaje a Eric.
"Eric, ¿tenemos que coger el autobús 'Mapo línea 07'?, ¿dónde tenemos que bajarnos?"
Eric mandó un mensaje.
"Bajen en la parada 'estación de Sangsu'"
Desde la estación de Sinchon hasta la parada de Sangsudong se tarda más o menos 10 minutos en autobús. Había la pizzería que Eric me enseñó está cerca de la parada.

Cultura coreana: Transporte público de Seúl

Corea tiene autobuses y metros como transporte público. Hay autobuses urbanos que recorren la ciudad, autobuses a los suburbios y varias líneas de metro. Según el método de transporte, las tarifas son diferentes. Las tarifas del transporte público de Corea son baratas. Mucha gente usa la tarjeta de transporte porque es cómoda y te hace descuentos al hacer transbordo.

Unidad 17

<1> Itaewon.

Objetivo de la lección: Comprender la dirección y la ubicación.

Vocabulario

왼쪽 a la izquierda　　오른쪽 a la derecha
이쪽 esta dirección　　똑바로 recto
정문 puerta principal, entrada
사거리 cruce　　어느 쪽 en qué dirección
실례지만 disculpe　　가로수길 Garosuguil
신사역 estación Sinsa　　걸어서 a pie
이태원 Itaewon　　외국 país extranjero
외국인 extranjero
용산 가족공원 Parque Familiar de Yongsan
미터 metro
국립중앙박물관 Museo Nacional de Corea
역사 historia

- **Vamos a leer**

Yo vivo en Itaewon.
Hay muchos extranjeros viviendo en Itaewon.
Por eso hay muchos restaurantes extranjeros y escuelas para extranjeros.
Si camina desde Itaewon en dirección al Río Han durante 10 minutos, encontrará el Parque Familiar de Yongsan.
El parque es muy espacioso y hermoso.
Puede ver a gente echándose fotos en su boda.
Si camina unos 50 metros a la derecha del parque, verá el Museo Nacional de Corea.
Como me gusta la historia, voy allí a menudo.
Me gusta Itaewon porque está cerca del parque y el Museo Nacional de Corea, y hay muchos restaurantes deliciosos.

- **Vamos a escuchar**

1.
(1) 사거리에서 오른쪽으로 가세요.
En el cruce, gire a la derecha.
(2) 사거리에서 왼쪽으로 가세요.
En el cruce, gire a la izquierda.
(3) 사거리에서 똑바로 가세요.
Vaya recto pasando el cruce.
(4) 사거리에서 종로 쪽으로 가세요.
En el cruce, tome la dirección hacia Jongro.

2.
(1) 어디에 가면 비행기를 탈 수 있어요?
¿Dónde voy para subir al avión?
(2) 무엇을 타면 집에 갈 수 있어요?
¿Cómo podré ir a casa?
(3) 무엇을 보면 기분이 좋아요?
¿Qué cosa ve y le hace sentirse bien?
(4) 어디에서 사면 싸고 예쁜 신발을 살 수 있어요?
¿Dónde puedo comprar zapatos económicos y bonitos?

3~4.
가: 실례지만 길 좀 가르쳐 주세요.
A: Disculpe, ¿me ayudaría a ubicarme?
나: 어디를 찾으세요?
B: ¿Adónde tiene que llegar? ¿Qué lugar busca?
가: 이 근처에 우체국이 있어요?
A: ¿Hay una oficina de correos por aquí cerca?
나: 네, 저 사거리에서 왼쪽으로 가세요. 5분쯤 가면 은행 옆에 우체국이 있어요.
B: Sí, vaya a la izquierda llegando a aquel cruce. Siga unos cinco minutos y verá la oficina de correos al lado de un banco.

5~6.
가: 윤아 씨, 제가 내일 약속이 있어서 가로수 길에 가야 해요. 학교에서 가로수 길까지 어떻게 가요?
A: Yuna, mañana tengo una cita y debo llegar a la arboleda Garosuguil. ¿Cómo hago para llegar de la escuela a la Garosuguil?
나: 지하철 3호선을 타고 신사역에서 내리세요.
B: Vaya en la línea tres del metro y bájese en la estación de Sinsa.
가: 그럼 신사역에서 내린 후 어느 쪽으로 가요?
A: Después de bajarme en la estación de Sinsa, ¿en qué dirección voy?
나: 신사역에서 똑바로 가면 큰 빵집이 있어요. 그 빵집에서 오른쪽으로 가면 가로수 길이 있어요.
B: Siga recto desde la estación de Sinsa y verá una panadería grande. Pasando la panadería, gire a la derecha y verá la Garosuguil.

가: 신사역에서 가로수 길까지 얼마나 걸려요?
A: De la estación de Sinsa a Garosuguil, ¿cuánto tiempo se tarda?
나: 걸어서 10분쯤 걸려요.
B: Se tardan unos diez minutos a pie.

<2> Guía de la zona.

Objetivo de la lección: Comprender cosas acerca de dar instrucciones.

Vocabulario

길 camino/dirección
안내 guía
육교 puente peatonal
횡단보도 paso de peatones
지하도 túnel subterráneo
출구 salida
나오다 salir
마을버스 autobús urbano
서대문우체국 O icina de Correos de Sodaemun
건너다 cruzar
건너편 (al) otro lado
안경점 óptica
청계천 Cheonggyecheon

- **Vamos a leer**

Hoy viene a mi casa mi compañero de clase viene a mi casa. Así que le envié un mensaje de texto con la dirección de mi casa.

Bájese en la estación de Sinchon en la línea número 2 del metro.
Salga por la salida 4, coja el autobús urbano número 3 y bájese en la oicina de correos de Seodaemun.
Cruce el paso de peatones desde la parada de autobús y vaya a la derecha.
Hay una tienda de bicicletas. Desde allí siga recto y verá un restaurante.
Gire a la izquierda desde el restaurante y encontrará una tienda 24 horas.
Al otro lado de la calle de la tienda 24 horas hay una casa de 2 pisos, que es mi casa.
Llámeme si no puede encontrar la casa.

- **Vamos a escuchar**

1.

(1) 1번 출구로 나가서 똑바로 가면 편의점이 있습니다. 그 옆에 빵집이 있습니다.
Al salir por la salida número uno y seguir recto, encontrará una tienda 24 horas. Al lado hay una panadería.

(2) 편의점 앞에 육교가 있습니다. 육교를 건너서 오른쪽으로 가십시오. 카페가 있습니다.
Hay un puente delante de la tienda 24 horas. Vaya a la derecha por el puente peatonal. Hay una cafetería.

(3) 병원 앞에 횡단보도가 있습니다. 횡단보도를 건너서 오른쪽으로 가십시오. 극장이 있습니다.
Delante del hospital hay un paso de peatones. Crúcelo y vaya a la derecha. Verá un teatro.

(4) 약국 앞에 횡단보도가 있습니다. 횡단보도를 건너서 왼쪽으로 가십시오. 우체국이 있습니다.
Delante de la farmacia hay un paso de peatones. Cruce el paso de peatones y diríjase a la izquierda. Verá una oficina de correos.

2.

(1) 가: 볼펜 좀 주세요.
A: Déme un bolígrafo.
나: 볼펜이요?
B: ¿Un bolígrafo?

(2) 가: 여덟 시까지 오세요.
A: Venga antes de las ocho.
나: 여덟 시요?
B: ¿Antes de las ocho?

(3) 가: 제임스 씨가 어디에 있어요?
A: ¿Dónde está James?
나: 제임스 씨요?
B: ¿James?

(4) 가: 상수동에서 만날까요?
A: ¿Nos vemos en Sangsudong?
나: 상수동이요?
B: ¿Sangsudong?

3~4.

가: 여보세요 에릭 씨, 지금 어디예요?
A: Hola, Eric, ¿dónde está ahora?
나: 지금 안경점 앞이에요. 그런데 카페가 어디에 있어요?
B: Estoy enfrente de la óptica. Pero dígame... ¿dónde está la cafetería?
가: 안경점 앞에 있는 횡단보도를 건너서 왼쪽으로 오세요.
A: Cruce al otro lado por el paso de peatones delante de la óptica y gire a la izquierda.
나: 아, 그래요? 조금만 기다려 주세요.
B: Ah, ¿sí? Espere sólo un poco más.

5~6.

가: 여보세요? 시티 호텔이지요?
A: ¿Hola? ¿Es el Hotel City?
나: 네, 그렇습니다.
B: Así es.
가: 여기는 경복궁역입니다. 여기에서 어떻게 가요?
A: Le llamo desde la estación de Kyongbokgung. ¿cómo llego a su hotel desde aquí?
나: 4번 출구로 나와서 횡단보도를 건너세요.
B: Salga por la salida número cuatro y cruce el paso de peatones.
가: 횡단보도요?
A: ¿El paso de peatones?
나: 네, 횡단보도를 건너서 청계천쪽으로 50m쯤 오시면 호텔이 있습니다.
B: Sí, después de cruzarlo y a unos 50 metros hacia Chonggyechon está el hotel.

Unidad 18. Tiempo y estaciones

<1> El tiempo.

Objetivo de la lección: Comprender el tiempo.

Vocabulario

흐리다 **estar nublado** 맑다 **estar despejado**
바람이 불다 **hacer viento, soplar**
닫다 **cerrar** 눈 **nieve**
눈싸움 **batalla de bolas de nieve**
눈사람 **muñeco de nieve** 나무 **árbol**
피다 **florecer** 선선하다 **hacer fresco**

- **Vamos a leer**

Ayer estaba muy nublado.
Hacía viento y mucho frío.
Por la tarde, como hacía mucho frío, nevaba mucho.
No nieva en mi ciudad natal.
Todos los árboles y las casas se volvieron blancos.
El paisaje era muy hermoso.
Los niños hicieron muñecos de nieve y batallas de bolas de nieve.
Hice fotos porque quería mostrárselas a los amigos de mi ciudad natal.
Si ven estas fotos, les va a gustar muchísimo.
El tiempo era frío, pero estaba muy contenta.

- **Vamos a escuchar**

1.

1) 요코 씨는 오래 기다릴 것 같아요.
Parece que Yoko esperará mucho.

2) 샤오밍 씨는 혼자 다 먹지 못할 것 같아요.
Parece que Shaoming no va a comérselo todo solo.

3) 리에 씨가 산 것은 매울 것 같아요.
Lo que Lieh compró parece picante.

4) 빌리 씨가 마시는 커피는 시원할 것 같아요.
El café que Billy toma parece refrescante.

2.

1) 가: 바람이 많이 부는군요.
A: Hace mucho viento.
나: 제주도에는 바람이 많이 불어요.
B: Hace mucho viento en la isla de Jeju.

2) 가: 꽃이 예쁘군요.
A: Las flores están bonitas.
나: 요즘 날씨가 따뜻해서 꽃이 많이 폈어요.
B: Muchas han lorecido porque últimamente el tiempo es cálido.

3) 가: 눈이 많이 오는군요.
A: Nieva mucho.
나: 교통이 복잡할 것 같아요.
B: Parece que habrá tráfico.

4) 가: 날씨가 흐리군요.
A: El día está nublado.
나: 비가 올 것 같아요.
B: Parece que lloverá.

3~4.

가: 여기가 어디예요? 경치가 아름답군요.
A: ¿Qué es este lugar? El paisaje es precioso.
나: 러시아 모스크바의 사진이에요. 이번 방학에 가족과 같이 갈 거예요.
B: Es una foto de Moscú, en Rusia. Estas vacaciones iré allí con mi familia.
가: 날씨가 추울 것 같아요.
A: Parece que hace mucho frío.
나: 네, 러시아는 눈이 많이 오고 추워요. 그래서 두꺼운 옷과 모자를 준비할 거예요.
B: Sí, en Rusia nieva mucho y hace frío. Por eso voy a preparar ropa abrigada y gorros para protegernos del frío.

5~6.

가: 요즘 아침과 저녁에는 선선하지요?
A: ¿Verdad que últimamente hace fresco por la mañana y por la noche?
나: 네, 춥지 않아서 좋아요.
B: Así es. Me gusta porque no hace ni frío ni calor.
가: 지난달은 정말 더웠어요. 날씨가 더워서 요리하는 게 힘들었어요.
A: El mes pasado hizo un calor tremendo. Tanto calor que me costaba mucho cocinar.
나: 오늘도 오후에는 조금 더울 것 같아요.
B: Hoy también parece que hará un poco de calor por la tarde.
가: 네. 그렇지만 다음 주부터는 오후에도 선선할 것 같아요.
A: Sí, pero creo que desde la próxima semana tendremos tardes frescas.
나: 그래요? 그럼 저녁에 시간이 있으면 같이 운동합시다.
B: ¿Sí? Entonces hagamos ejercicio juntos, si tenemos tiempo por la noche.

<2> Las cuatro estaciones.

Objetivo de la lección: Comprender actividades relacionadas con las estaciones.

Vocabulario

봄 **primavera** 가을 **otoño**
해수욕장에 가다 **ir a la playa para bañarse**
단풍 **árboles otoñales** 소풍가다 **ir de excursión**
사계절 **cuatro estaciones**
단풍이 들다 **cambiar de color**
춤을 추다 **bailar** 글쎄요 **quizá/pues**

- **Vamos a leer**

En Corea hay cuatro estaciones: primavera, verano, otoño e invierno.
Mis estaciones favoritas son la primavera y el otoño.
La primavera de Corea es de marzo a mayo.
En primavera florecen muchas flores bonitas.

Por eso la gente va de excursión a la montaña y al parque.
El otoño es de septiembre a noviembre.
En otoño hace buen tiempo, así que la gente hace mucho senderismo.
Cuando las hojas cambian de color en la montaña, es muy hermoso.
Cuando las personas hacen senderismo, también ven que las hojas cambian de color.
Creo que Corea es más hermosa durante la primavera y el otoño.

- **Vamos a escuchar**

1.

(1) 크리스 씨는 음악을 들으면서 책을 읽어요.
Chris lee un libro escuchando música.

(2) 루크 씨는 휴대 전화를 보면서 걸어요.
Luke camina mirando el móvil.

(3) 밍밍 씨는 노래를 부르면서 춤을 춰요.
Ming Ming baila cantando una canción.

(4) 리에 씨는 커피를 마시면서 이야기를 해요.
Lie habla tomando café.

2.

(1) 가: 우진 씨가 어때요?
A: ¿Cómo es Woojin?
나: 친절한 것 같아요.
B: Creo que es amable.

(2) 가: 우진 씨는 뭐 하고 있어요?
A: ¿Qué está haciendo Woojin?
나: 자는 것 같아요.
B: Parece que está durmiendo.

(3) 가: 우진 씨는 결혼했어요?
A: ¿Está Woojin casado?
나: 글쎄요, 결혼한 것 같아요.
B: No sé, parece que sí.

(4) 가: 날씨가 어때요?
A: ¿Qué tiempo hace?
나: 밖에 바람이 많이 부는 것 같아요.
B: Parece que hace mucho viento afuera.

3~4.

가: 밖에 비가 많이 와요.
A: Llueve mucho afuera.
나: 한국도 여름에 비가 많이 오는 것 같아요. 일본도 여름에 비가 많이 와요.
B: Creo que en Corea también llueve mucho en verano. En Japón también llueve mucho en verano.
가: 비가 많이 오는 날은 집에서 뭘 해요?
A: ¿Qué hace en casa cuando llueve mucho?
나: 저는 보통 맛있는 음식을 먹으면서 영화를 봐요.
B: Normalmente veo una película comiendo algo rico.

5~6.

가: 어! 밖에 눈이 와요.
A: ¡Oh! Está nevando afuera.
나: 우와, 정말 예뻐요. 한국의 겨울은 눈이 오니까 정말 아름다운 것 같아요.
B: ¡Wow, qué hermoso! El invierno en Corea es hermoso con la nieve.
가: 흐엉 씨 고향은 따뜻해서 눈이 안 오지요? 우리 같이 눈사람을 만들까요?
A: H uong, no nieva en su pueblo natal, ya que siempre hace calor allí, ¿verdad? ¿Qué tal si salimos a hacer muñecos de nieve?
나: 눈사람요? 좋아요.
B: ¿Muñecos de nieve? ¡Claro que sí!
가: 수업이 끝나고 눈사람도 만들고 눈싸움도 하면서 놀아요.
A: Después de clase vamos a hacer muñecos de nieve y hacer una batalla de bolas de nieve.
나: 네, 재미있을 것 같아요.
B: Sí, suena interesante.

Unidad 17 - Unidad 18 Repaso

Vocabulario

시드니 **Sídney** 남쪽 **sur**
나중에 **después, luego, alguna vez**

I.

A Yuna:
Hola, Yuna. ¿Cómo ha estado?
Como en Corea están en invierno ahora, hace un poco de frío, ¿no?
Me gustaría esquiar en Corea viendo las montañas nevadas.
Yo estoy en mi ciudad natal: Sídney, en Australia.
Estamos en verano, así que hace calor.
Por eso voy al mar frecuentemente.
Hay un mar a unos 10 minutos a pie al sur de casa.
Nado y hago surf con mi familia en el mar.
Como a usted también le gusta hacer deporte, creo que le gustaría venir aquí.
Venga alguna vez venga aquí sin falta.
Nos vemos el mes que viene en Corea.
Olivia.

II.

가: 아, 반가워요, 올리비아 씨. 고향에서 재미있었어요?
A: Ah, qué gusto volver a verla, Olivia. ¿Cómo le fue en su ciudad natal durante las vacaciones?
나: 네, 호주는 날씨가 더우니까 수영도 하고 서핑도 할 수 있어서 좋았어요. 윤아 씨는 지난달에 서울에서 무엇을 했어요?
B: Sí, como en Australia hace calor, me lo pasé bien nadando y haciendo surf. ¿Qué hizo usted el mes pasado en Seúl, Yuna?
가: 저는 영어를 공부하고 아르바이트도 해서 바빴어요. 그렇지만 주말에는 스키장에 가서 스키를 탔어요.
A: Estuve ocupada estudiando inglés y trabajando a tiempo parcial también. Pero los fines de semana

fui a esquiar a una pista de esquí.

나: 스키장요? 와, 나도 가고 싶어요.

B: ¿A una pista de esquí? Wow, quiero ir.

가: 그래요? 그럼 다음 주말에 서울 근처에 있는 스키장에 같이 갈까요?

A: ¿Sí? Entonces podemos ir a una cerca de Seúl el próximo fin de semana. ¿Qué me dice?

나: 좋아요. 재미있을 것 같군요.

B: De acuerdo. ¡Parece divertido!

Cultura coreana: Ver flores y hacer un picnic debajo de los árboles otoñales

En primera, el tiempo en Corea es cálido y florecen las flores. Por ello, mucha gente sale a ver las flores. En abril, muchas personas de Seúl van a Yeouido para ver las flores de cerezo. En otoño, las hojas cambian de color. El color de las hojas cambian a rojo y amarillo y es hermoso. Especialmente Seoraksan y Songnisan son famosos por las hojas que cambian de color. Por eso hay muchas personas que viajan allí para ver las hojas cambiar de color.

Unidad 19

<1> Planes de viajar.

Objetivo de la lección: Comprender cómo hacer planes de viajar.

Vocabulario

민박집 CyD(cama y desayuno)

콘도 condominio

게스트하우스 casa de huéspedes

전 antes/hace tiempo

강원도 Gangwon-do

설악산 montaña Sorak

펜션 pensión

또 más/otra vez

평창 Pyongchang

• Vamos a leer

Vine a Corea hace 2 meses.
Estoy ocupado porque estudio coreano mientras trabajo.
Por eso no he podido viajar mucho.
Voy a viajar durante las vacaciones.
En primer lugar, planeo ir a Gangeung en Gangwon-do
Gangeung está cerca de la montaña Sorak y del mar también.
Voy a ir en tren hasta Gangeung y dormir en una pensión.
La pensión que reservé a través de la agencia de viajes es más barata y limpia que un hotel. Hay piscina y también puedo alquilar una bicicleta.
Además, el transporte es conveniente porque hay una parada de autobús cerca de la pensión.
Ya me gustaría viajar a Gangeung.

• Vamos a escuchar

1.

(1) 방학에 여행을 가려고 해요.
Voy a ir de viaje durante las vacaciones.

(2) 오후에 생일 선물을 사려고 해요.
Voy a comprar un regalo de cumpleaños por la tarde.

(3) 저녁에는 고향 음식을 만들려고 해요.
Voy a hacer por la noche comida de mi ciudad natal.

(4) 머리가 길어서 자르려고 해요.
Voy a cortarme el pelo porque lo tengo largo ya.

2.

(1) 가: 흠, 이 호텔은 좀 비싸군요.
A: Hmm, este hotel es caro.
나: 그럼 민박집에 가는 게 어때요?
B: ¿Entonces qué tal si vamos a un B&B?

(2) 가: 이 음식은 조금 매울 것 같아요.
A: Esta comida parece un poco picante.
나: 그럼 다른 음식을 먹는 게 어때요?
B: Entonces, ¿qué tal si come otra?

(3) 가: 어제 잠을 자지 못해서 피곤해요.
A: Estoy cansado porque anoche no dormí.
나: 피곤하면 차를 한 잔 마시는 게 어때요?
B: Si está cansado, ¿qué tal si se toma un café?

(4) 가: 오늘 회사일이 늦게 끝날 것 같아요.
A: Parece que hoy saldré tarde de la oficina.
나: 바쁘면 다음 주에 만나는 게 어때요?
B: Si está ocupado, ¿qué tal si nos vemos la próxima semana?

3~4.

가: 윤아 씨, 저는 다음 주말에 평창에 가려고 해요.

A: Yuna, pienso ir a Pyongchang el próximo fin de semana.

나: 그래요? 흐엉 씨는 평창에 가면 어디에서 잘 거예요?

B: ¿Sí? ¿Dónde se va a hospedar en Pyongchang, Huong?

가: 글쎄요, 어디가 좋아요?

A: No sé... ¿dónde podría ser?

나: 콘도에서 자는 게 어때요? 콘도는 요리를 할 수 있어서 편해요.

B: ¿Qué tal en un condominio? Es cómodo porque se puede cocinar ahí.

5~6.

저는 방학에 경주에 여행을 가려고 해요.

Voy a viajar a Kyongju durante las vacaciones.

경주는 구경할 것도 많고 경치도 아름다워서 꼭 가고 싶었어요.

Kyongju tiene muchos lugares que vale la pena visitar y su paisaje es hermoso, así que quería ir sin falta.

저는 경주에 가면 게스트하우스에 있을 거예요.

Voy a hospedarme en una casa de huéspedes en Kyongju.

제가 예약한 게스트하우스는 값이 싸요.
La casa de huéspedes que tengo reservada es económica.
그리고 외국 사람들에게 한국 요리를 가르쳐 줘요.
Además, ahí dan clases de cocina coreana a los extranjeros.
여러분도 저와 같이 경주에 여행을 가는 게 어때요?
¿Qué tal si viajan conmigo a Kyongju?

<2> Preparativos del viaje.

Objetivo de la lección: Comprender cosas sobre la preparación de viajes.

Vocabulario

여권 pasaporte
충전기 cargador
학기 semestre
슬리퍼 zapatillas, chanclas
비행기 표 billete de avión
다 todo
약 medicamentos
가방을 싸다 hacer la maleta
싱가포르 Singapur
선글라스 gafas de sol
돈을 바꾸다 cambiar dinero

- **Vamos a leer**

Este semestre ha terminado hoy.
Así que iré al Singapur mañana.
Es la ciudad natal de mi compañera de clase, Rachel.
Estoy haciendo la maleta.
En Singapur hace calor, así que voy a llevar ropa ligera y sombrero.
He comprado chanclas y gafas de sol también.
Compré un billete de avión a través de internet.
Como compré el billete de avión muy barato, me sentí bien.
Tengo que ir al aeropuerto temprano mañana por la mañana.
Voy a cambiar dinero en el aeropuerto y también compraré regalos para los padres de Rachel.

- **Vamos a escuchar**

1.

(1) 횡단보도를 건너고 있습니다.
Estoy cruzando el paso de peatones.
(2) 친구와 전화하고 있습니다.
Estoy hablando por teléfono con un amigo.
(3) 여행 가방을 싸고 있습니다.
Estoy haciendo la maleta para viajar.
(4) 비행기 표를 예약하고 있습니다.
Estoy reservando un billete de avión.

2.

(1) 가: 유키 씨도 콘서트 보러 가세요?
A: Yuki, are you going to go to the concert?
나: 아니요, 가고 싶지만 일이 있어요.
B: No, quiero ir, pero tengo otra cosa que hacer.
(2) 가: 미선 씨는 학교까지 버스로 와요?
A: ¿Viene a la universidad en autobús, Mison?
나: 아니요, 우리 집은 학교에서 아주 가까워요.
B: No, mi casa está muy cerca de la universidad.
(3) 가: 이것 좀 드세요.
A: Pruebe esto.
나: 저도 먹고 싶지만 지금 배가 아파요.
B: Me gustaría comerlo, pero ahora me duele el estómago.
(4) 가: 시장에서 옷을 샀어요?
A: ¿Compró ropa en el mercado?
나: 아니요, 예쁜 옷이 없었어요.
B: No, no había ropa bonita.

3~4.

가: 제인 씨, 호텔 예약어요?
A: Jane, ¿ha reservado el hotel?
나: 아니요, 호텔 예약을 아직 못 했어요.
B: No, todavía no lo he hecho.
가: 왜요? 무슨 문제가 있어요?
A: ¿Por qué no? ¿Hay algún problema?
나: 제가 한국말을 잘 못해서 예약을 못 하고 있어요. 도와주세요.
B: Es que no hablo lo suficientemente bien coreano para hacer una reserva. Ayúdeme.

5~6.

가: 제시카 씨, 여행 준비 다 했어요?
A: Jessica, ¿ha terminado de preparar el viaje?
나: 아니요, 가방을 다 못 쌌어요. 지금 싸고 있어요.
B: No, aún no he hecho toda la maleta. Estoy haciéndola.
가: 아!, 한국은 요즘 비가 자주 오니까 우산도 같이 싸세요.
A: iAh! Últimamente llueve mucho, así que eche un paraguas.
나: 휴대 전화 충전기는 호텔에서 빌릴 수 있어요?
B: ¿El hotel me prestará un cargador para el teléfono móvil?
가: 네, 호텔에서 충전기를 빌릴 수 있어요.
A: Sí, el hotel puede prestarte un cargador.
나: 그렇군요. 그럼 충전기는 안 쌀 거예요. 고마워요.
B: Vale, entonces no me llevaré el cargador. Gracias.

Unidad 20

<1> Vacaciones.

Objetivo de la lección: Comprender cosas sobre vacaciones.

Vocabulario

학기 semestre
지내다 pasar
죄송하다 sentirlo
크리스마스 Navidad
학기 중 durante el semestre

방학하다 estar de vacaciones

안내하다 Guiar	연락드리다 comunicarse
올림 atentamente	국수 fideos
채소 verduras	메모하다 anotar
말하기 conversación	연습 prácita
2급 nivel dos	

- **Vamos a leer**

Querido profesor:
¿Cómo está?
Siento no haber contactado mucho con usted.
Durante este semestre he estado un pocoocupada por mi trabajo a tiempo parcial.
La semana pasada terminó el semestre y estoyde vacacionesEstas vacaciones estoy estudiando coreano por Internet.
Profesor, ¿últimamente también está viajando a Japón en sus vacaciones?
Si viene a Japón, le guiaré por unos sitios con paisajes hermosos. También le invitaré a comer rica comida japonesa.
Antes de venir de viaje, avíseme sin falta por favor.
Me pondré en contacto con usted de nuevo.
AdiósAtentamente, Yuki.

- **Vamos a escuchar**

1.

(1) 요리하기 전에 빨래를 했어요.
Lavé la ropa antes de cocinar.

(2) 운동하기 전에 숙제를 해요.
Hago las tareas antes de hacer ejercicio.

(3) 회사에 가기 전에 학교에서 공부할 거예요.
Voy a estudiar en la universidad antes de ir a la empresa.

(4) 쇼핑하기 전에 밥부터 먹읍시다.
Vamos a comer antes de ir a comprar.

2.

(1) 가: 내일은 일찍 와 주세요.
A: Venga temprano mañana, por favor.
나: 네, 일찍 오겠습니다.
B: Sí, vendré temprano.

(2) 가: 뭘 드시겠습니까?
A: ¿Qué le gustaría comer?
나: 저는 비빔밥을 먹겠습니다.
B: Yo comeré bibimbab.

(3) 가: 어디에서 만날까요?
A: ¿Dónde nos vemos?
나: 제가 연세대학교로 가겠습니다.
B: Yo iré a la universidad de Yonsei.

(4) 가: 언제 연락하실 거예요?
A: ¿Cuándo va a llamar?
나: 제가 내일 전화하겠습니다.
B: Yo llamaré mañana.

3~4.

가: 흐엉 씨, 베트남 음식을 먹으러 갈까요?
A: Huong, ¿vamos a comer comida vietnamita?
나: 음... 같이 베트남 음식을 만들어서 먹는 건 어때요?
B: Mmm... ¿qué tal si preparamos juntos comida vietnamita?
가: 좋아요. 그럼 국수와 채소를 사러 시장에 갈까요?
A: De acuerdo. Entonces, ¿vamos al mercado a comprar fideos y verduras?
나: 네 시장에 가기 전에 살 것을 종이에 씁시다.
B: Sí, anotemos en el papel lo que vamos a comprar antes de ir al mercado.

5~6.

가: 시험이 끝나서 기분이 좋지요?
A: ¿A que se siente bien ahora que se han acabado los exámenes?
나: 네 좋아요.
B: Sí, mucho.
가: 오늘 뭘 할 거예요?
A: ¿Qué va a hacer hoy?
나: 고향에 돌아가기 전에 가족들에게 줄 선물을 사러 갈 거예요.
B: Iré a comprar regalos para mi familia antes de volver a mi ciudad natal.
가 언제 한국에 올 거예요?
A: ¿Cuándo va a volver a Corea?
나: 수업을 시작하기 전에 올 거예요.
B Volveré antes de que empiecen las clases.
가: 주앙 씨, 방학에 말하기 연습을 자주 하세요.
A: Juan, practique mucha conversación durante las vacaciones.
나: 네, 말하기 연습도 하고 2급 공부도 하겠습니다.
B: Sí, practicaré conversación y estudiaré el nivel dos también.

<2> Días de descanso.

Objetivo de la lección: Comprender cosas sobre los días de descanso.

Vocabulario

어린이날 día del niño
설날 primer día del Año Nuevo

휴가 vacaciones	휴일 día de descanso
휴일 día de descanso/festivo	
취미 afición	프로그램 programa

- **Vamos a leer**

A ustedes también les gustan los días de descanso, ¿verdad?
En los días de descanso, descansan las universidades y las empresas.
Por eso la gente los espera con entusiasmo .

¿Qué creen que hacen los coreanos durante los días de descanso?
Los coreanos hacen sus aficiones durante los días de descanso.
Ven películas y también van a restaurantes donde se vende comida rica.
También hacen varios deportes.
Mucha gente viaja también.
Por eso el tráfico es terrible el fin de semana.
También hay mucha gente que ve la televisión en casa por la noche los días de descanso.
Por eso los programas del fin de semana son famosos.

- **Vamos a escuchar**

1.

(1) 제 방에는 컴퓨터가 있어요. 텔레비전도 있고요.
En mi habitación hay un ordenador. Hay una televisión también.

(2) 이 식당은 깨끗해요. 값도 싸고요.
Este restaurante está limpio. Y el precio no es caro.

(3) 제 친구는 머리가 길어요. 안경도 썼고요.
Mi amigo tiene el pelo largo. Y lleva gafas.

(4) 제임스 씨는 노래를 잘 해요. 춤도 잘 추고요.
James canta bien. Y baila bien también.

2.

(1) 우리 행복식당에 갈까요?
¿Vamos al restaurante Feliz?

(2) 김치 김밥을 살 거예요.
Compraré un kimbab de kimchi.

(3) 저도 주말에 미녀와 야수를 봤어요.
Yo también vi 'La bella y la bestia'.

(4) 어제 영어 시험을 봤어요.
Ayer hice un examen de inglés.

3~4.

가: 흐엉 씨, 내일 휴일인데 같이 엔(N)서울타워에 갈까요?
A: Huong, mañana es un día festivo, ¿vamos juntas a la Torre N de Seúl?

나: 엔(N)서울타워는 너무 복잡하지 않아요? 우리 한강공원에 갈까요?
B: ¿No estará muy abarrotada? ¿Qué tal si vamos al parque del río Han?

가: 한강공원은 어때요?
A: ¿Cómo es el parque del río Han?

나: 경치가 아름다워요. 자전거도 탈 수 있고요.
B: Ese sitio es precioso. Podemos montar en bicicleta también.

가: 그래요? 그럼, 내일은 한강 공원에 가요.
A: ¿Sí? Entonces, mañana vamos al parque del río Han.

5~6.

가: 레오 씨, 이번 설날에 뭘 할거예요?
A: Leo, ¿qué va a hacer el primer día de año nuevo?

나: 일할 거예요. 우리 식당은 설날에 쉬지 않아요. 식당에 손님이 많아서 쉴 수 없어요.
B: Voy a trabajar. Mi restaurante no cierra el primer día de año nuevo. No podemos descansar porque viene mucha gente al restaurante.

가: 그래요? 설날에도 바쁘군요.
A: ¿Sí? ¡Está ocupado hasta el día de año nuevo!

나: 올리비아 씨는 뭘 할 거예요?
B: ¿Qué va a hacer usted, Olivia?

가: 동생이 한국에 와서 동생이랑 서울을 구경할 거예요.
A: Mi hermano viene a Corea. Daremos una vuelta por Seúl.

나: 그럼 우리 식당에 오는 게 어때요? 음식이 아주 맛있어요. 값도 싸고요.
B: Entonces, ¿qué tal si vienen a mi restaurante? Servimos muy buena comida. Y el precio no es caro.

가: 그거 좋은 생각이에요.
A: Es una buena idea.

Unidad 19 - Unidad 20 Repaso

Vocabulario

수원 화성 **murallas de Suwon**
용인 **Yongin**
민속촌 **Aldeda tradicional coreana**
막국수 **makguksu**

I.

가: 메리 씨, 방학하면 뭘 할 거예요?
A: Mary, ¿qué piensa hacer en las vacaciones?

나: 아직 계획이 없어요.
B: Todavía no tengo planes.

가: 그래요? 그럼 저하고 같이 수원에 놀러가는 게 어때요?
A: Ah, ¿sí? Entonces, ¿qué tal si me acompaña a Suwon a dar una vuelta?

나: 네, 좋아요. 제가 고향에 가기 전에 같이 갈까요?
B: Claro, está bien. ¿Vamos antes de que vuelva a mi ciudad natal?

가: 그럼 이번 주말은 어때요?
A: ¿Qué tal este fin de semana?

나: 주말에는 복잡하니까 금요일에 가는 게 좋지 않아요?
B: Como los fines de semana suelen estar abarrotado, ¿por qué no vamos el viernes?

가: 네, 그럼 금요일 아침에 같이 수원화성에 가요. 점심에 갈비도 먹고요.
A: Sí, vamos a las murallas de Suwon. Y comamos galbi por la tarde.

나: 네, 그럼 그날 봐요.
B: Sí, nos vemos el viernes.

II.

Voy a viajar a un sitio que está cerca de Seúl.
Estoy planeando ir a Suwon, Yongin y Chuncheon antes de terminar mis vacaciones.
Si voy a Suwon, voy a visitar las murallas de Suwon y comer galbi.
En Yongin hay una Aldea tradicional coreana y un parque de atracciones, así que me gustaría ir allí con mis amigos sin falta. En Chuncheon puedo ver montañas, lagos y ríos, y el paisaje es hermoso.
El dakgalbi y el makguksu son deliciosos.
Como puedo ir a todos estos lugares en una hora desde Seúl, el tráfico es cómodo.

Cultura coreana: Atracciones turísticas

¿A dónde quiere ir en Corea? Hay muchas atracciones turísticas hermosas. La isla de Jeju es una hermosa isla querida por los coreanos. Hay otras atracciones turísticas hermosas como Seoraksan, Geoje, Damyang y Boseong. También está el Festival Internacional de Cine en Busan. Puede experimentar la cultura y la historia en lugares famosos como Jeonju, Gyeongju y Andong.

새

연세한국어 듣기와 읽기 1

연세대학교 한국어학당 편

연세대학교 대학출판문화원

머리말

1959년 국내 최초로 외국인 대상 한국어 교육기관을 설립한 연세대학교 한국어학당은 이제 60년의 역사를 눈앞에 두고 있다. 연세대학교 한국어학당은 그간의 역사와 명성에 걸맞게 다양한 한국어 교재 편찬 및 관련 연구를 해옴으로써 한국어 교육을 선도해 왔다. 지금까지 전 세계에서 온 약 147개국의 14만 명에 이르는 한국어 학습자들에게 한국어와 한국 문화를 가르쳐 왔으며, 최근에는 오프라인 한국어 교육뿐만 아니라 세계 각국의 한국어 학습자들을 대상으로 글로벌 MOOC 강좌를 개설하여 학습자들로부터 큰 호응을 얻고 있다. 특히 최근 빠른 속도로 변화해 가는 교육 환경에 맞추어 새로운 교수법과 교수자료 개발에 힘을 기울이는 등 끊임없는 노력을 하고 있다.

연세대학교 한국어학당은 그간 일반 목적 한국어 학습자들뿐만 아니라 특수 목적 한국어 학습자들을 대상으로 정규과정, 단기과정, 대학 한국어 과정 등 다양한 교육과정을 개설 운영하면서 학습자의 요구에 부응하는 최상의 교재를 개발해 왔다. 이러한 교재들은 국내외의 한국어 교육 기관에서 교사와 학습자들의 다양한 요구를 충족시키며 양질의 한국어 교수·학습을 위해 널리 사용되고 있다.

연세대학교 한국어학당은 그간 가장 큰 호응을 받아 왔던 '연세 한국어' 1급~6급의 뒤를 이을 새로운 교재로 '새 연세한국어' 시리즈를 기획 출간하게 되었다. 이 교재의 개발을 위해 한국어 교육 현장 경험이 풍부한 전문 한국어 교육학자 및 교사들이 대거 투입되었고 최상의 한국어 교수법 및 학습자 집단의 요구에 대한 이해를 바탕으로 개발 작업이 장기간에 걸쳐 수행되었다.

이번에 출간된 '새 연세한국어' 시리즈는 총 6단계로 각 단계마다 어휘와 문법 교재, 말하기와 쓰기 교재, 듣기와 읽기 교재로 구성되어 있다. '새 연세한국어 어휘와 문법'은 한국어 학습자들이 각 숙달도 별로 가장 필수적으로 익혀야 하는 주요 어휘와 문법에 대한 이해와 활용을 중심으로 구성되었다. '새 연세한국어 말하기와 쓰기'는 원활한 한국어 의사소통을 위해 꼭 필요한 표현 기능을 수행할 수 있도록 말하기, 쓰기 과제를 중심으로 구성되었다. 또한 '새 연세한국어 듣기와 읽기'는 듣기, 읽기 과제를 중심으로 각 급별 숙달도에 적절한 이해 능력을 함양시킬 수 있도록 구성되었다. 이 세 권의 교재는 어휘·문법, 표현, 이해 능력의 고른 발달을 위해 패키지로 함께 사용될 수도 있고, 교육 현장 여건이나 학습자의 요구에 따라 별도로 사용될 수도 있다. 또한, 어휘와 문법 교재의 경우 별도의 지침서가 마련되어 교육 경험이 다소 부족한 국내외의 한국어 교사들에게 유용한 길잡이가 될 수 있을 것이다.

연세대학교 한국어학당은 앞으로도 전 세계의 한국어 학습자들의 요구와 기대에 부응하는 교재 개발을 위해 최선을 다할 것이다. 아울러 본 교재가 국내외에서 한국어 교육을 위해 노력을 아끼지 않는 많은 교사와 한국어 학습을 위해 노력하는 모든 학습자들에게 크게 도움이 되기를 바란다.

연세대학교 언어연구교육원

한국어학당 교재편찬위원회

일러두기

01 이 책은 <새 연세한국어 **어휘와 문법 1**>, <새 연세한국어 **말하기와 쓰기 1**>와 함께 한국어 초급 학습자들을 위한 교재이다.

02 이 책은 한국어 초급 학습자들이 한국어로 된 글과 말을 읽거나 듣고 이해할 수 있는 능력을 키우기 위해 구성된 이해 능력 개발 교재이다.

03 이 책은 총 20과이며, 각 과는 2개 항으로 구성되어 총 40개 항이 있다. 그리고 2개 과마다 복습을 할 수 있도록 복습 10개 항을 구성했다. 각 항은 각각 50분 수업 분량으로 이 책은 총 50개 항으로 구성되어 있다. 교재 첫 부분에 한글을 제시하였고 2개 항마다 한국 문화에 대한 소개가 있다.

04 이 책의 각 항은 '제목, 학습목표, 준비해 봅시다, 읽어 봅시다(들어 봅시다), 들어 봅시다(읽어 봅시다), 따라해 봅시다. 정리해 봅시다'의 5단계로 구성되었다. 이해 교재의 모든 항은 듣기와 읽기의 기능이 통합된 형태로 구성되는데, 단원의 내용과 성격에 따라 듣기 활동과 읽기 활동의 내용의 순서를 달리 하였다.

05 각 과의 제목은 <새 연세한국어 **어휘와 문법 1**>과 동일하나 각 항의 제목은 해당 항의 내용을 대표할 수 있는 개념으로 항의 제목을 설정했다. 또한 제목 옆에 QR코드를 넣어 녹음된 내용을 쉽게 확인할 수 있도록 하였다.

06 학습목표는 '-을 이해할 수 있다', 또는 ' ~ 관련 내용을 이해할 수 있다'와 같이 이해 기능이 드러나도록 기술했다.

07 '준비해 봅시다'는 각 항의 들어가기에 해당되며 해당 단원의 읽기와 듣기 내용의 이해를 돕기 위한 준비 단계이다. 단원 학습 내용과 관련된 필수적인 어휘 학습으로 구성된다. 그러나 단순 어휘 학습이 아니라 이해 교재의 특성이 잘 반영될 수 있도록 문장이나 맥락 안에서 사용된 어휘를 접하도록 하여 학습자들의 이해를 돕고자 하였다.

08 '읽어 봅시다'는 초급 단계의 학습목표에 따라 일상생활에서의 문어 의사소통 능력을 향상시키는 데 초점을 두어 일상생활과 관련된 내용이나 생활문(메모, 간단한 안내문과 설명문)을 읽고 내용을 파악하도록 하는 유형이 많다.

09 '들어 봅시다'는 구어를 통해 실생활에서 활용가능한 의사소통 능력을 배양할 수 있도록 하였다. 듣기 지문의 경우 문장 단위에서 시작하여 대화, 그리고 담화로 듣기 단위를 순차적으로 확대하여 제시하였으며 짧은 것에서 긴 것으로, 쉬운 것에서 어려운 것으로 단계를 구분하여 제시하였다. 특히 세 번째와 네 번째 과제의 경우 두 번째 단계에서 받아쓰기를 구성하여 들은 내용을 정확하게 파악할 수 있도록 하였다. 따라서 이 두 과제의 경우 첫 번째 단계를 학습할 때 두 번째 단계의 내용을 보지 못하게 하도록 지도하는 것이 필요하다.

10 '따라해 봅시다'는 발음 연습을 위한 부분으로 교재의 읽기 지문이나 듣기 지문에 제시된 어휘 중에 음운 변화가 포함되거나 학습자의 오류율이 높은 발음을 단원별로 선정하여 동일한 규칙을 포함한 어휘 2개를 해당 발음이 포함된 본문의 문장과 함께 제시하였다.

11 '정리해 봅시다'는 학습한 내용을 학습자 스스로 확인 및 점검을 하면서 다른 언어 능력과의 통합 교육을 통해 언어 능력을 강화하고자 설정한 부분이다. 이 부분에서는 학습 내용을 말하기, 듣기, 읽기, 쓰기 활동과 통합될 수 있도록 구성하였다.

12 '복습'에서는 선행 학습된 2개 과의 어휘와 문법, 내용을 활용할 수 있도록 읽기와 듣기의 두 부분으로 구성되었다. 각 항에서 배운 내용을 감안하여 듣기나 읽기 중 한 기능에 초점을 두고 다른 한 기능을 연계시켜 통합적인 학습이 가능하도록 유도하였다.

13 '문화'는 복습 항 마지막 부분에 문화 텍스트가 삽화 자료와 함께 제시된다. 문화 항목 중 이해 교재의 특성에 부합하는 내용을 선정하여 정보 문화 중심으로 구성하였다.

14 '한글'은 자모 읽기, 단어 읽기, 문장 읽기, 듣기를 통한 음소 변별을 할 수 있도록 교재 초반에 제시하였다.

15 부록에는 정답과 어휘 색인 목록을 제시하였으며, 별책에 읽기 번역과 듣기 지문 및 번역을 함께 실었다.

단원구성

과	제목	학습목표	표현	문화(복습항)
한글	한글 1	모음과 자음		
	한글 2	모음과 자음		
	한글 3	받침과 읽기 연습		
1과 인사와 소개	1. 인사	이름과 국적을 이해할 수 있다	입니다 은/는[1]	이름
	2. 직업	직업을 이해할 수 있다	입니까? 이/가 아닙니다	
2과 물건	1. 교실 물건	교실 물건 관련 내용을 이해할 수 있다	이, 그, 저 이/가	
	2. 내 물건	개인 물건 관련 내용을 이해할 수 있다	이/가 있습니다(없습니다) 도	
3과 학교	1. 학생회관	위치 관련 내용을 이해할 수 있다	에 있습니다(없습니다) 은/는[2]	친구
	2. 우리 학교	학교 관련 장소를 묘사하는 내용을 이해할 수 있다	과/와(하고) -습니다, -습니까?	
4과 친구	1. 친구	친구를 소개하는 내용을 이해할 수 있다	에서 오다 을/를	
	2. 기숙사 친구	장소와 관련된 행동을 이해할 수 있다	에서 과/와 같이(하고 같이)	
5과 고향	1. 고향	고향을 소개하는 내용을 이해할 수 있다	에 가다 -고 싶다	숫자 세기
	2. 제주도	고향을 묘사하는 내용을 이해할 수 있다	-지 않다 -고[1]	
6과 학교생활	1. 수업 시간	시간과 일정 관련 내용을 이해할 수 있다	에[1] 부터 까지	
	2. 학교생활	숫자와 제안 표현을 이해할 수 있다	-으십시오 -을까요?[1]	

과	제목	학습목표	표현	문화(복습항)
7과 음식	1. 음식	음식 관련 내용을 이해할 수 있다	무슨 ㄹ동사	상차림
	2. 음식 주문	음식을 주문하는 상황을 이해할 수 있다	-을까요?[2] -읍시다	
8과 하루 생활	1. 10월	날짜와 요일 관련 내용을 이해할 수 있다	이에요 -어요	
	2. 하루 생활	하루 일과 관련 내용을 이해할 수 있다	-고[2] ㄷ동사	
9과 주말	1. 주말	주말 활동 관련 내용을 이해할 수 있다	-으러 -지만	등산
	2. 주말 계획	주말 계획 관련 내용을 이해할 수 있다	-을 거예요 ㅂ동사	
10과 지난 일	1. 일기	과거에 한 일을 이해할 수 있다	-었어요 안	
	2. 리타오의 하루	과거에 하지 못한 일을 이해할 수 있다	-지 못하다 -어서[1]	
11과 약속	1. 약속	약속 관련 내용을 이해할 수 있다	-은 후에 -으니까	존댓말과 반말
	2. 주말 약속	주말 약속 관련 내용을 이해할 수 있다	-는데 이나	
12과 가족	1. 가족 이야기	가족 소개 관련 내용을 이해할 수 있다	-으시- 께서	
	2. 우리 할머니	가족의 취미 관련 내용을 이해할 수 있다	-으세요[1] -으세요[2]	

과	제목	학습목표	표현	문화(복습항)
13과 쇼핑	1. 동대문시장	쇼핑 관련 내용을 이해할 수 있다	-은[1] 보다	화폐
	2. 쇼핑	쇼핑 장소와 단위 명사 관련 내용을 이해할 수 있다	-는 에[2]	
14과 생일	1. 생일 선물	생일 선물을 준비하는 내용을 이해할 수 있다	에게(한테/께) -을	
	2. 생일 파티	생일 파티를 준비하는 내용을 이해할 수 있다	-은[2] 르 동사	
15과 전화	1. 전화번호	전화번호 관련 내용을 이해할 수 있다	-지요? -어 주다	서울의 대중교통
	2. 전화	전화 관련 내용을 이해할 수 있다	에게서(한테서) -을 수 있다	
16과 교통	1. 교통	교통수단과 소요 시간 관련 내용을 이해할 수 있다	으로[1] 에서 까지	
	2. 공항버스	교통수단을 이용하는 내용을 이해할 수 있다	-어야 하다 마다	
17과 길 찾기	1. 이태원	위치와 방향 관련 내용을 이해할 수 있다	으로[2] -으면	꽃구경과 단풍놀이
	2. 길 안내	길 안내 관련 내용을 이해할 수 있다	-요? -어서[2]	
18과 날씨와 계절	1. 날씨	날씨 관련 내용을 이해할 수 있다	-는군요 -을 것 같다	
	2. 사계절	계절 활동 관련 내용을 이해할 수 있다	-는 것 같다 -으면서	
19과 여행	1. 여행 계획	여행 계획 관련 내용을 이해할 수 있다	-으려고 하다 -는 게 어때요?	관광지
	2. 여행 준비	여행 준비 관련 내용을 이해할 수 있다	-고 있다 못	
20과 방학과 휴일	1. 방학	방학 관련 내용을 이해할 수 있다	-기 전에 -겠다[1]	
	2. 휴일	휴일 관련 내용을 이해할 수 있다	-지 않아요? -고요	

차례

등장인물 | Main characters

에릭 파커
- 미국
- 어학당 학생
- 한국전자 직원

존 카마우
- 케냐
- 어학당 학생
- 교환학생

사토 유키
- 일본
- 어학당 학생
- 기자

리타오
- 중국
- 어학당 학생
- 대학 입학 예정자

노라 한슨
- 노르웨이
- 어학당 학생
- 대학원 입학 예정자

최주앙
- 브라질
- 어학당 학생
- 대학 휴학생

응웬 흐엉
- 베트남
- 어학당 학생

레오 마르탱
- 프랑스
- 요리사

올리비아 스미스
- 호주
- 외교관

이윤아
- 한국
- 대학생

정하늘
- 한국
- 대학생

김우진
- 한국
- 한국전자 직원

한글 1

Ⅰ. 모음 1

MP3 / 01

아	어	오	우	으	이	애	에	외	위

읽어 봅시다

아이	아우	이	어이	오이	우애	위

들어 봅시다

1. 듣고 소리가 같으면 O, 다르면 X 하십시오.

1) 아 (　　　)	2) 어 (　　　)	3) 위 (　　　)
4) 우 (　　　)	5) 으 (　　　)	6) 에 (　　　)

2. 듣고 맞는 것을 고르십시오.

1) (　　　)	① 아	② 어	③ 오
2) (　　　)	① 어	② 오	③ 우
3) (　　　)	① 오	② 우	③ 으
4) (　　　)	① 우	② 에	③ 위
5) (　　　)	① 애	② 이	③ 외
6) (　　　)	① 외	② 왜	③ 위

II. 자음 1

ㄱ	ㄴ	ㄷ	ㄹ

MP3 / 02

	ㅏ	ㅓ	ㅗ	ㅜ	ㅡ	ㅣ	ㅐ	ㅔ	ㅚ	ㅟ
ㄱ	가	거	고	구	그	기	개	게	괴	귀
ㄴ	나	너	노	누	느	니	내	네	뇌	뉘
ㄷ	다	더	도	두	드	디	대	데	되	뒤
ㄹ	라	러	로	루	르	리	래	레	뢰	뤼

▪ **읽어 봅시다**

가구	가게	고기	귀
아기	누나	나이	어느
누구	구두	어디	도구
뒤	거리	나라	다리
도로	아래	노래	위로
그리고	내리다	외우다	개나리

▪ **들어 봅시다**

1. 듣고 소리가 같으면 O, 다르면 X 하십시오.

1) 노 ( )	2) 더 ( )	3) 귀 ( )
4) 루 ( )	5) 디 ( )	6) 그 ( )

2. 듣고 맞는 것을 고르십시오.

1) (　　　)	① 가	② 나	③ 다
2) (　　　)	① 노	② 도	③ 로
3) (　　　)	① 개	② 대	③ 래
4) (　　　)	① 누구	② 구두	③ 도구
5) (　　　)	① 노래	② 가게	③ 아래
6) (　　　)	① 도로	② 고도	③ 노고

ㅁ	ㅂ	ㅅ	ㅇ	ㅈ

MP3 / 03

	ㅏ	ㅓ	ㅗ	ㅜ	ㅡ	ㅣ	ㅐ	ㅔ	ㅚ	ㅟ
ㅁ	마	머	모	무	므	미	매	메	뫼	뮈
ㅂ	바	버	보	부	브	비	배	베	뵈	뷔
ㅅ	사	서	소	수	스	시	새	세	쇠	쉬
ㅇ	아	어	오	우	으	이	애	에	외	위
ㅈ	자	저	조	주	즈	지	재	제	죄	쥐

한글 1

읽어 봅시다

머리	어머니	모두	모자
매우	다리미	바지	바다
바보	부모	부르다	비누
배우	아버지	두부	서로
소리	수저	새우	쇠고기
다시	쉬다	지구	쥐

들어 봅시다

3. 듣고 소리가 같으면 O, 다르면 X 하십시오.

1) 미 ( )	2) 보 ( )	3) 스 ( )
4) 쇠 ( )	5) 주 ( )	6) 죄 ( )

4. 듣고 맞는 것을 고르십시오.

1) ( )	① 누	② 무	③ 부
2) ( )	① 귀	② 쉬	③ 쥐
3) ( )	① 가다	② 사다	③ 자다
4) ( )	① 매우	② 배우	③ 새우
5) ( )	① 서리	② 소리	③ 조리
6) ( )	① 아버지	② 어머니	③ 어버이

ㅊ	ㅋ	ㅌ	ㅍ	ㅎ

MP3 / 04

	ㅏ	ㅓ	ㅗ	ㅜ	ㅡ	ㅣ	ㅐ	ㅔ	ㅚ	ㅟ
ㅊ	차	처	초	추	츠	치	채	체	최	취
ㅋ	카	커	코	쿠	크	키	캐	케	쾨	퀴
ㅌ	타	터	토	투	트	티	태	테	퇴	튀
ㅍ	파	퍼	포	푸	프	피	패	페	푀	퓌
ㅎ	하	허	호	후	흐	히	해	헤	회	휘

읽어 봅시다

치마	고추	기차	채소
취하다	코	크다	조카
키우다	토지	타자기	투수
태우다	파리	포도	포수
피리	피부	회	하마
허리	호수	후추	오후

들어 봅시다

5. 듣고 소리가 같으면 O, 다르면 X 하십시오.

1) 치 (　　　)	2) 크 (　　　)	3) 퀴 (　　　)
4) 토 (　　　)	5) 퍼 (　　　)	6) 후 (　　　)

6. 듣고 맞는 것을 고르십시오.

1) ( )	① 티	② 피	③ 치
2) ( )	① 초	② 코	③ 포
3) ( )	① 차다	② 타다	③ 하다
4) ( )	① 보도	② 포도	③ 호두
5) ( )	① 투수	② 포수	③ 호수
6) ( )	① 고추	② 부추	③ 후추

한글 2

I. 모음 2

MP3 / 05

야	여	요	유	얘	예	와	왜	워	웨	의

▪ 읽어 봅시다

우유	얘기	왜	의사
요가	예의	돼지	회의
유자	시계	여자	희다
야유회	과자	의자	수지의 책

▪ 들어 봅시다

1. 듣고 소리가 같으면 O, 다르면 X 하십시오.

1) 야 (　　　)	2) 와 (　　　)	3) 의 (　　　)
4) 요 (　　　)	5) 워 (　　　)	6) 웨 (　　　)

2. 듣고 맞는 것을 고르십시오.

1) (　　　)	① 겨	② 교	③ 규
2) (　　　)	① 효	② 회	③ 희
3) (　　　)	① 왜	② 의	③ 워
4) (　　　)	① 여자	② 유자	③ 의자
5) (　　　)	① 야유	② 여유	③ 이유
6) (　　　)	① 교수	② 규수	③ 귀수

Ⅱ. 자음 2

MP3 / 06

ㄲ	ㄸ	ㅃ	ㅆ	ㅉ

가	다	바	사	자
까	따	빠	싸	짜
카	타	파	-	차

▪ 읽어 봅시다

가치/까치	타다/따다	사다/싸다
가다/까다	바르다/빠르다	자다/짜다/차다
다르다/따르다	피다/삐다	지다/찌다/치다

▪ 들어 봅시다

1. 듣고 소리가 같으면 O, 다르면 X 하십시오.

1) 까 (　　)	2) 띠 (　　)	3) 뽀 (　　)
4) 쑤 (　　)	5) 쯔 (　　)	6) 싸 (　　)

2. 듣고 맞는 것을 고르십시오.

1) (　　)	① 다	② 타	③ 따
2) (　　)	① 시	② 씨	③ 치
3) (　　)	① 자다	② 차다	③ 짜다
4) (　　)	① 비다	② 피다	③ 삐다
5) (　　)	① 기다	② 끼다	③ 키다
6) (　　)	① 떼다	② 뛰다	③ 튀다

한글 3

받침

MP3 / 07

받침 자음	소리
ㄱ ㄲ ㅋ	[ㄱ]
ㄴ	[ㄴ]
ㄷ ㅅ ㅆ ㅈ ㅊ ㅌ ㅎ	[ㄷ]
ㄹ	[ㄹ]
ㅁ	[ㅁ]
ㅂ ㅍ	[ㅂ]
ㅇ	[ㅇ]

▪ 읽어 봅시다

연습	① 각, 밖, 부엌, 국, 독, 복, 닦다, 낚시 ② 눈, 언니, 한국, 논, 돈, 문, 분 ③ 듣다, 있다, 밑, 히읗, 곧, 옷, 닻, 솥, 낫, 낮, 낯 ④ 쌀, 가을, 딸기, 길, 실, 말, 글, 잘, 별 ⑤ 봄, 김치, 남산, 감, 담, 밤, 솜, 금, 김 ⑥ 밥, 입, 집, 답, 법, 삽, 숲, 앞, 무릎, 덮밥 ⑦ 강, 종이, 공항, 방, 상, 종, 공, 콩, 통

한글 3

들어 봅시다

1. 듣고 소리가 같으면 O, 다르면 X 하십시오.

1) 김 (　　　)	2) 길 (　　　)	3) 빵 (　　　)
4) 선물 (　　　)	5) 공항 (　　　)	6) 감독 (　　　)

2. 듣고 맞는 것을 고르십시오.

1) (　　　)	① 간	② 감	③ 강
2) (　　　)	① 병	② 별	③ 볕
3) (　　　)	① 독	② 돈	③ 돕
4) (　　　)	① 점	② 접	③ 정
5) (　　　)	① 식다	② 싣다	③ 싫다
6) (　　　)	① 전신	② 정신	③ 점심

3. 듣고 연결하십시오.

• 짐　　• 공　　• 옥

• 곰　　• 별　　• 집　　• 동

• 돌　　• 곡　　• 병

• 돈　　• 옷

겹받침

겹받침	소리	예	발음
ㄳ	[ㄱ]	몫	[목]
ㄵ	[ㄴ]	앉다	[안따]
ㄶ	[ㄴ]	많다	[만타]
ㄺ	[ㄱ]	읽다	[익따]
ㄻ	[ㅁ]	젊다	[점따]
ㄼ	[ㄹ]/[ㅂ]	여덟/밟다	[여덜/밥따]
ㄽ	[ㄹ]	외곬	[외골/웨골]
ㄾ	[ㄹ]	핥다	[할따]
ㄿ	[ㅂ]	읊다	[읍따]
ㅀ	[ㄹ]	잃다	[일타]
ㅄ	[ㅂ]	없다	[업따]

읽기 연습 1

MP3 / 08

ㄱ	책이, 미국에서, 학원, 목요일, 찍으십시오
ㄴ	천원이에요, 일본으로, 부산에
ㄷ	닫아요, 받은, 닫으세요, 걷어요, 받으십시오
ㄹ	교실에서, 서울은, 월요일, 물이, 놀아요, 설악산
ㅁ	사람이, 금요일, 음악을, 서점에서, 여름에도, 이름을
ㅂ	밥을, 잡으십시오, 집에, 입어요
ㅅ	이것이, 옷을, 씻으세요
ㅇ	은행이, 한강에, 공항이, 풍경은
ㅈ	찾으십시오, 잊어버리십시오, 낮에, 빚이
ㅊ	꽃이, 빛이, 낯이
ㅋ	부엌에서, 동녘이
ㅌ	밑에, 바깥으로, 밭에, 같아요, 같은
ㅍ	앞으로, 옆에, 숲은, 깊이, 갚으세요, 엎어요
ㅎ	히읗이, 놓아요
ㄲ	밖에, 닦으십시오, 깎아요
ㄺ	읽으면, 읽으십시오, 밝은, 맑아요
ㄵ	앉아서, 앉으십시오, 앉아요
ㄻ	삶아서, 삶으십시오, 젊으면, 젊어서
ㄼ	밟아서, 밟으십시오, 밟으니까

읽기 연습 2

MP3 / 09

1	이분이 선생님입니다.
2	김영호 씨는 한국 사람입니다.
3	그곳은 학교가 아닙니다.
4	그 남자는 회사원이 아닙니다.
5	책이 있습니다.
6	친구가 없습니다.
7	책상이 없습니다.
8	라디오가 없습니다.
9	학생이 옵니다.
10	소녀가 웃습니다.
11	꽃이 예쁩니다.
12	자동차가 많습니다.
13	동생이 책을 읽습니다.
14	의사가 약을 줍니다.
15	가족이 일본에 있습니다.
16	연세대학교가 신촌에 있습니다.
17	학생들이 도서관에서 신문을 봅니다.
18	아이가 집에서 숙제를 합니다.

새 연세한국어

듣기와 읽기 1

01 1과

인사와 소개

1. 인사

MP3 / 10

• 학습목표: 이름과 국적을 이해할 수 있다.

Ⅰ. 준비해 봅시다

읽고 지도의 빈칸에 맞는 단어의 번호를 쓰십시오.

❶ 한국 ❷ 미국 ❸ 브라질 ❹ 일본 ❺ 호주 ❻ 중국 ❼ 프랑스

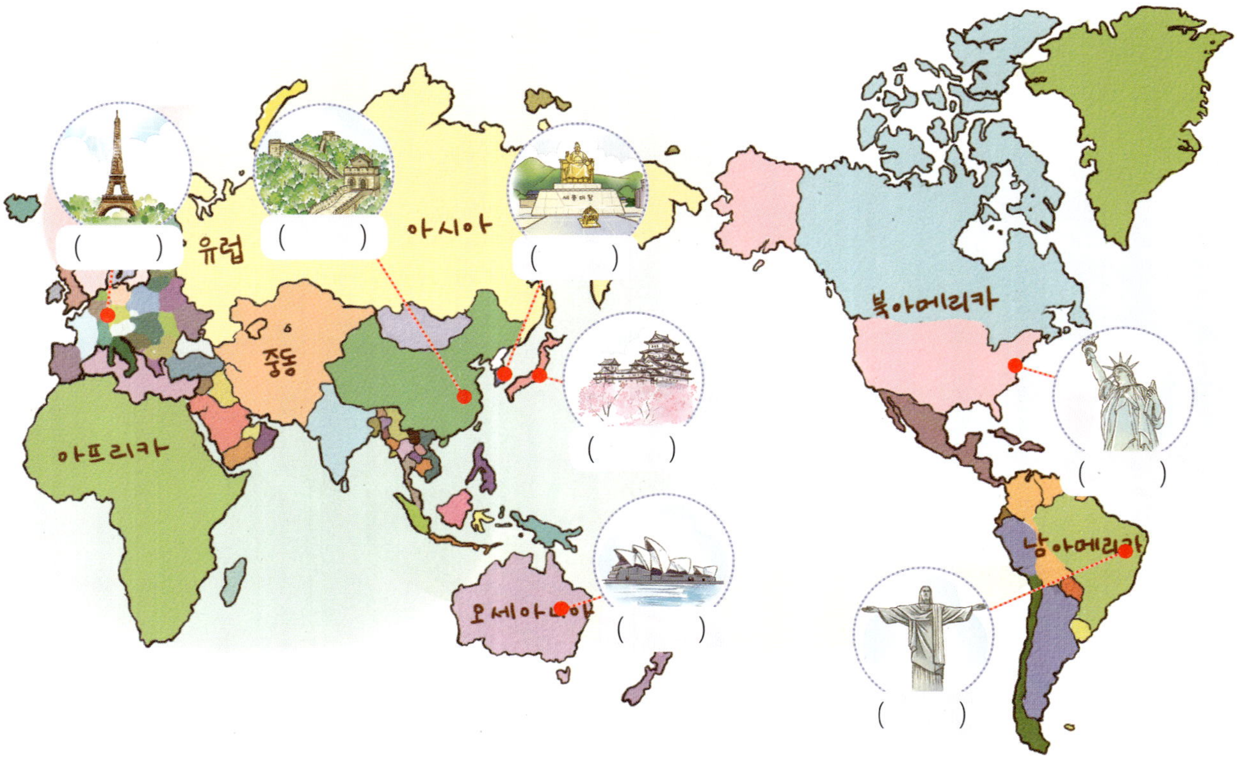

Ⅱ. 읽어 봅시다

안녕하십니까?
저는 제임스입니다.
영국 사람입니다.

인사 한국 미국 브라질 일본 중국 호주 프랑스

1 문장을 읽고 관계가 있는 것과 연결하십시오.

1) 저는 제임스입니다. • • ①

2) 안녕하십니까? • • ②

3) 영국 사람입니다. • • ③

2 문장을 읽고 맞으면 O, 틀리면 X 하십시오.

1) 제 이름은 제임스입니다. ( )

2) 저는 미국 사람입니다. ( )

3 빈칸에 알맞은 단어를 쓰십시오.

이름 ______

국적 ______

안녕하십니까 저[1] 영국 사람 제 이름 국적

III. 들어 봅시다

1 문장을 듣고 알맞은 것과 연결하십시오.

1) •   2) •   3) •   4) •

❶ 
❷ 
❸ 
❹ 

2 문장을 듣고 맞는 것에 ✔하십시오.

1) □ 리타오 □ 에릭
□ 중국 □ 미국

2) □ 올리비아 □ 마리아
□ 러시아 □ 호주

3) □ 정하늘 □ 최주앙
□ 한국 □ 미국

4) □ 존 □ 마이클
□ 케냐 □ 캐나다

[3-4] 대화를 듣고 질문에 답하십시오.

3 맞으면 O, 틀리면 X 하십시오.

1) 유키는 일본 사람입니다. (　　)
2) 주앙은 러시아 사람입니다. (　　)

4 대화를 완성하십시오.

가: 안녕하십니까?
나: ________, 안녕하십니까?
저는 유키입니다. ________ 사람입니다.
가: 저는 최주앙입니다. 브라질 사람입니다.

네   베트남   러시아   케냐   캐나다

[5-6] 대화를 듣고 질문에 답하십시오.

5 빈칸에 알맞은 단어를 쓰십시오.

1) 

2) 

이름		
국적		

6 대화를 완성하십시오.

가: 안녕하십니까?

나: 네, ______________

가: 저는 노라입니다.

나: 제 이름은 리타오입니다. ______________

가: 저는 노르웨이 사람입니다.

IV. 따라해 봅시다

- 입니다[임니다]
- 아닙니다[아님니다]
- 저는 제임스입니다.

V. 정리해 봅시다

1. 친구 이름이 무엇입니까?
2. 친구는 어느 나라 사람입니까?

노르웨이

01 1과

인사와 소개

2. 직업

MP3 / 11

• 학습목표: 직업을 이해할 수 있다.

Ⅰ. 준비해 봅시다

다음을 읽고 알맞은 그림에 ✔하십시오.

1) 간호사입니다.	 ① (　　　)	 ② (　　　)
2) 배우입니다.	 ① (　　　)	 ② (　　　)
3) 교수님입니다.	 ① (　　　)	 ② (　　　)
4) 경찰입니다.	 ① (　　　)	 ② (　　　)

Ⅱ. 읽어 봅시다

제시카 씨는 제 친구입니다.
미국 사람이 아닙니다.
호주 사람입니다.
기자입니다.

간호사　배우　교수　경찰　씨　친구　기자

1 문장을 읽고 관계 있는 그림과 연결하십시오.

1) 제시카 씨는 제 친구입니다. • • ①

2) 호주 사람입니다. • • ②

3) 기자입니다. • • ③

2 문장을 읽고 맞으면 O, 틀리면 X 하십시오.

1) 제시카 씨는 가수입니다. (　　)

2) 제시카 씨는 한국 사람이 아닙니다. (　　)

3 빈칸에 알맞은 단어를 쓰십시오.

이름	
국적	
직업	

가수　직업

III. 들어 봅시다

1 직업이 무엇입니까? 문장을 듣고 알맞은 것을 연결하십시오.

1)

❶ (   )

❷ (   )

2)

❶ (   )

❷ (   )

3)

❶ (   )

❷ (   )

4)

❶ (   )

❷ (   )

2 대화를 듣고 맞는 것에 ✔하십시오.

1) □ 리타오　□ 리처드

2) □ 영국　□ 독일

3) □ 교수　□ 요리사

4) □ 기자　□ 경찰

[3-4] 대화를 듣고 질문에 답하십시오.

3 맞으면 O, 틀리면 X 하십시오.

1) 마리아 씨는 러시아 사람입니다.　(　　)

2) 마리아 씨는 배우가 아닙니다.　(　　)

4 대화를 완성하십시오.

가: 마리아 씨는 영국 사람입니까?
나: 아니요, 저는 ________ 사람입니다.
가: 가수입니까?
나: 아니요, 저는 가수가 아닙니다. ________ 입니다.

무엇　회사원　대학생　은행원　요리사　의사　독일　어느　아니요

[5-6] 대화를 듣고 질문에 답하십시오.

5 질문에 답하십시오.

1) 어느 나라 사람입니까? (   )

❶ 영국 사람 ❷ 중국 사람 ❸ 베트남 사람 ❹ 프랑스 사람

2) 직업이 무엇입니까? 쓰십시오.

____

6 대화를 완성하십시오.

가: 안녕하십니까?
나: 네, 안녕하십니까?
가: 리타오 씨는 베트남 사람입니까?
나: 아니요, 저는 ______________ 중국 사람입니다.
가: 회사원입니까?
나: 아니요, 저는 ______________ 학생입니다.

Ⅳ. 따라해 봅시다

- 독일[도길]
- 직업[지겁]
- 독일 사람입니다.

Ⅴ. 정리해 봅시다

1. 직업이 무엇입니까?
2. 친구 직업이 무엇입니까?

02과

물건

1. 교실 물건

MP3 / 12

• 학습목표: 교실 물건 관련 내용을 이해할 수 있다.

Ⅰ. 준비해 봅시다

듣고 맞으면 ○, 틀리면 X 하십시오.

1)	2)	3)	4)
			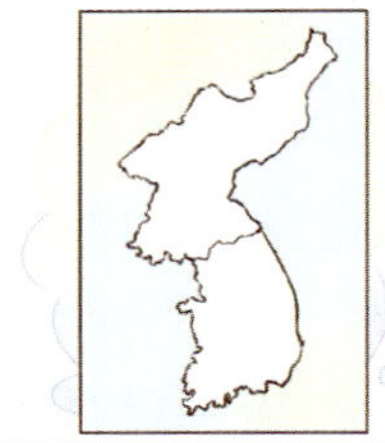

Ⅱ. 읽어 봅시다

우리 교실입니다.
이것이 제 책상입니다.
저 책상은 선생님 책상입니다.
저것은 한국 지도입니다.

교실 물건 시계 달력 그림 우리 이것 책상 저[2] 저것 지도

1 위 글을 읽고 알맞은 것에 ✔하십시오.

1) (　　)

2) (　　)

3) (　　)

4) (　　)

2 문장을 읽고 맞으면 ○, 틀리면 X 하십시오.

1) 이 책상은 제 책상입니다. (　　)
2) 저것은 선생님 책상입니다. (　　)
3) 저것은 한국 지도가 아닙니다. (　　)

3 질문을 읽고 알맞은 대답을 쓰십시오.

1) 이것이 무엇입니까?

　　　　　　　　　입니다.

2) 저 지도가 중국 지도입니까?

아니요, 　　　　　　　　　입니다.

III. 들어 봅시다

1 문장을 듣고 알맞은 것을 연결하십시오.

1) •   2) •   3) •   4) •

❶ 
❷ 
❸ 
❹ 

2 대화를 듣고 맞는 것에 ✔하십시오.

1)

❶ (　　) ❷ (　　)

2)

❶ (　　) ❷ (　　)

3)

❶ (　　) ❷ (　　)

4)

❶ (　　) ❷ (　　)

[3-4] 대화를 듣고 질문에 답하십시오.

3 맞으면 O, 틀리면 X 하십시오.

1) 이것이 유키 씨 의자입니다. (　　)

2) 저 의자가 레오 씨 의자입니다. (　　)

지우개　의자　칠판　옷걸이　컴퓨터　그것

4 대화를 완성하십시오.

가: ________ 유키 씨 의자입니까?
나: 아니요, 제 의자가 아닙니다. 레오 씨 의자입니다.
가: 저 의자가 유키 씨 의자입니까?
나: 네, ________ 제 의자입니다.

[5-6] 대화를 듣고 질문에 답하십시오.

5 질문에 답하십시오.

1) 저것이 무엇입니까? (   )

① 교실 ② 달력 ③ 지도 ④ 학교

2) 저 지도가 어느 나라 지도입니까?

저 지도가 ________

6 대화를 완성하십시오.

가: 유키 씨 교실입니까?
나: 네, 우리 교실입니다.
가: 저것이 달력입니까?
나: 아니요, ________ 지도입니다.
가: 저 지도가 한국 지도입니까?
나: ________

Ⅳ. 따라해 봅시다

- 이것이[이거시]
- 저것이[저거시]
- 이것이 제 책상입니다.

Ⅴ. 정리해 봅시다

1. 이것이 무엇입니까?
2. 저것이 무엇입니까?

02과

물건

2. 내 물건

MP3 / 13

• 학습목표: 개인 물건 관련 내용을 이해할 수 있다.

Ⅰ. 준비해 봅시다

듣고 맞으면 O, 틀리면 X 하십시오.

1) (   )

2) (   )

3) (   )

Ⅱ. 읽어 봅시다

이것은 흐엉 씨 가방입니다.
지갑이 있습니다.
휴대 전화도 있습니다.
저것은 유키 씨 가방입니다.
안경이 있습니다.
휴지도 있습니다.

연필　가방　지갑　휴대 전화　휴지　안경　있다

1 알맞은 것을 연결하십시오.

1) 흐엉 •

2) 유키 •

• ① 

• ② 

• ③ 

• ④ 

2 문장을 읽고 맞으면 O, 틀리면 X 하십시오.

1) 흐엉 씨는 휴지가 있습니다. ( )
2) 유키 씨는 휴대 전화가 없습니다. ( )
3) 흐엉 씨는 안경이 있습니다. ( )

3 질문을 읽고 알맞은 대답을 쓰십시오.

1) 흐엉 씨는 무엇이 있습니까? ______, ______이/가 있습니다.
2) 유키 씨는 무엇이 있습니까? ______, ______이/가 있습니다.

III. 들어 봅시다

1 문장을 듣고 알맞은 것을 연결하십시오.

1) • 2) • 3) • 4) •

❶ 

❷ 

❸ 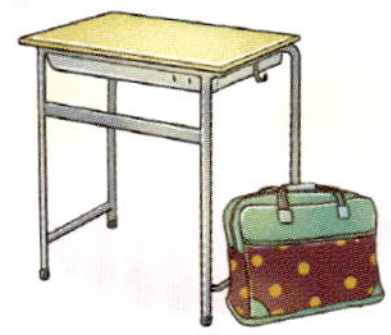

❹ 

2 문장을 듣고 맞는 것을 고르십시오.

1)

❶ (　　) ❷ (　　)

2)

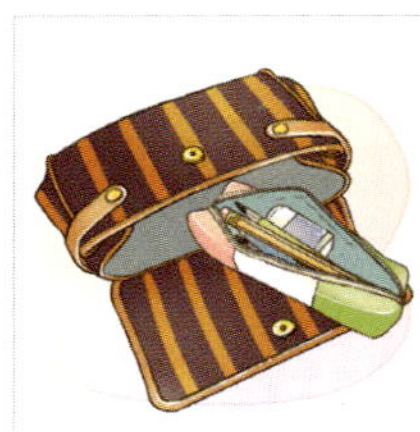
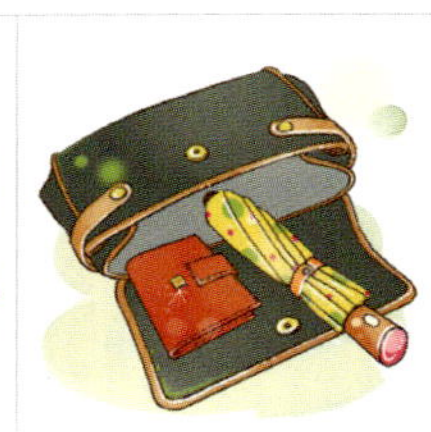

❶ (　　) ❷ (　　)

3)

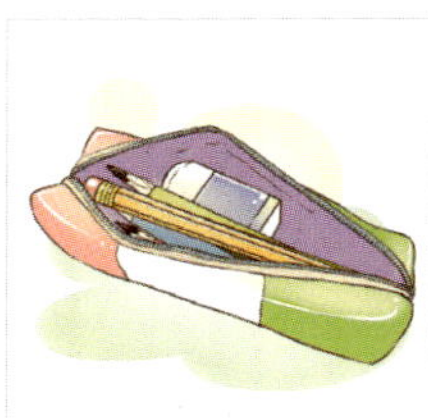
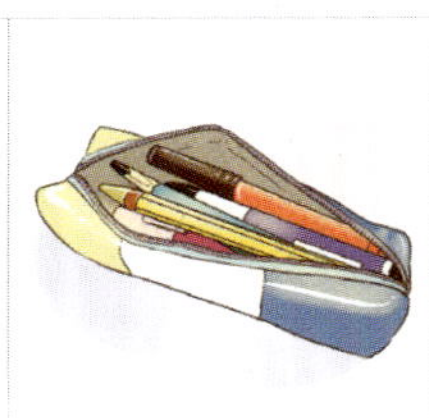

❶ (　　) ❷ (　　)

4)

❶ (　　) ❷ (　　)

[3-4] 대화를 듣고 질문에 답하십시오.

3 맞으면 ○, 틀리면 X 하십시오.

1) 레오 씨는 컴퓨터가 있습니다. (　　)

2) 레오 씨는 텔레비전이 없습니다. (　　)

돈　볼펜　우산　없다　텔레비전

4 대화를 완성하십시오.

가: 레오 씨, ______________ 이/가 있습니까?
나: 네, 컴퓨터가 있습니다.
가: 텔레비전도 있습니까?
나: 아니요, ______________

[5-6] 대화를 듣고 질문에 답하십시오.

5 질문에 답하십시오.

1) 올리비아 씨는 무엇이 있습니까? (,   )
   ❶ 우산   ❷ 과자   ❸ 모자   ❹ 주스
2) 올리비아 씨는 무엇이 없습니까?
   ______________ 이/가 없습니다.

6 대화를 완성하십시오.

가: 올리비아 씨, 과자가 있습니까?
나: 네, 과자가 있습니다.
가: ______________
나: 네, 주스도 있습니다.
가: 물도 있습니까?
나: 아니요, ______________

Ⅳ. 따라해 봅시다

- 연필이[연피리]
- 길이[기리]
- 연필이 있습니다.

Ⅴ. 정리해 봅시다

1. 가방에 무엇이 있습니까?
2. 지갑에 무엇이 있습니까?

과자 주스 물 모자

MP3 / 14

1 다음을 읽고 질문에 답하십시오.

안녕하십니까?
제 (가)은/는 리타오입니다.
중국 (나)입니다.
여기는 우리 교실입니다.
우리 교실에 지도가 있습니다.
그림도 있습니다.
이것은 제 책상입니다.
저 (다)은/는 선생님 책상입니다.

1) 무엇에 대한 이야기입니까? (　　)

❶ 이름　❷ 교실　❸ 책상　❹ 지도

2) 이 글의 내용과 같은 것을 고르십시오. (　　)

❶ 리타오는 한국 사람입니다.
❷ 리타오는 학생이 아닙니다.
❸ 리타오 교실에 책상이 있습니다.
❹ 리타오 교실에 그림이 없습니다.

3) 빈 칸에 알맞은 것을 보기에서 골라 쓰십시오.

보기

사람　이름　책상

가 (　　)　나 (　　)　다 (　　)

여기

2 대화를 듣고 대답하십시오.

1) **리타오 씨는 직업이 무엇입니까? (   )**

① 회사원　② 은행원　③ 학생　④ 선생님

2) **대화의 내용과 같은 그림을 고르십시오. (   )**

문화

이름

한국인의 이름은 대부분 세 글자입니다. 보통 한 글자는 성이고 두 글자는 이름입니다. 한글로 이름을 쓸 때 앞에 성을 먼저 쓰고 뒤에 이름을 씁니다. 가끔 성이 두 글자인 경우도 있습니다. 이름의 경우에도 한 글자거나 세 글자인 경우도 있습니다. 한국에는 270여 개의 성이 있는데 그중 '**김**'이 가장 많고, 다음으로는 '**이**', '**박**', '**최**' 등이 많습니다.

	홍길동	선우재희	박철	김빛나리
성	홍	선우	박	김
이름	길동	재희	철	빛나리

03과 학교

1. 학생회관

MP3 / 15

• 학습목표: 위치 관련 내용을 이해할 수 있다.

Ⅰ. 준비해 봅시다

인형이 어디에 있습니까? 읽고 맞으면 O, 틀리면 X 하십시오.

1) 가방 안에 있습니다. 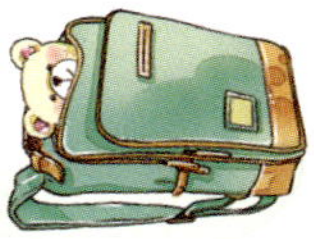 (　　)

2) 가방 앞에 있습니다.  (　　)

3) 가방 옆에 있습니다.  (　　)

4) 가방 위에 있습니다.  (　　)

Ⅱ. 읽어 봅시다

여기는 학생회관입니다.
도서관이 학생회관 앞에 있습니다.
기숙사는 학생회관 옆에 있습니다.
기숙사 안에 식당이 있습니다.
편의점도 있습니다.

어디　학생회관　인형　안　앞　옆　위　도서관　기숙사　식당　편의점

1 문장을 읽고 관계가 있는 것과 연결하십시오.

1) 도서관이 학생회관 앞에 있습니다. • • ❶

2) 기숙사가 학생회관 옆에 있습니다. • • ❷

3) 식당이 기숙사 안에 있습니다. • • ❸

2 문장을 읽고 맞으면 O, 틀리면 X 하십시오.

1) 학생회관 옆에 도서관이 있습니다. ( )

2) 학생회관 앞에 식당이 있습니다. ( )

3) 기숙사 안에 편의점이 없습니다. ( )

3 질문을 읽고 알맞은 대답을 쓰십시오.

1) 기숙사가 어디에 있습니까?

기숙사가 ________ 에 있습니다.

2) 식당이 어디에 있습니까?

식당이 ________ 에 있습니다.

III. 들어 봅시다

1 문장을 듣고 맞는 그림의 번호를 고르십시오.

1) (　　)

① 
② 

2) (　　)

① 
② 

3) (　　)

① 
② 

4) (　　)

① 
② 

2 무엇이 있습니까? 문장을 듣고 맞는 것에 ✔하십시오.

1) □ 은행　□ 우체국

2) □ 화장실　□ 편의점

3) □ 서점　□ 문구점

4) □ 교실　□ 사무실

[3-4] 대화를 듣고 질문에 답하십시오.

3 맞으면 O, 틀리면 X 하십시오.

1) 기숙사가 학생회관 위에 있습니다. (　　)

2) 서점은 학생회관 앞에 있습니다. (　　)

은행　우체국　화장실　서점　문구점　사무실　뒤

4 대화를 완성하십시오.

가: 기숙사가 어디에 있습니까?
나: 학생회관 ______________에 있습니다.
가: 서점은 어디에 있습니까?
나: 학생회관 ______________에 있습니다.

[5-6] 대화를 듣고 질문에 답하십시오.

5 질문에 답하십시오.

1) 교실 안에 무엇이 있습니까? 고르십시오. (　　　,　　　)
❶ 책상　❷ 지도　❸ 의자　❹ 칠판

2) 교실이 어디에 있습니까?
교실이 ______________에 있습니다.

6 대화를 완성하십시오.

가: 에릭 씨, 교실이 어디에 있습니까?
나: ______________에 있습니다.
가: 교실 안에 무엇이 있습니까?
나: 책상이 있습니다. 의자도 있습니다.
가: 지도도 있습니까?
나: 아니요, ______________

Ⅳ. 따라해 봅시다

- 앞에 [아페]
- 옆에 [여페]
- 도서관이 학생회관 앞에 있습니다.

Ⅴ. 정리해 봅시다

1. 학생회관이 어디에 있습니까?
2. 학생회관 안에 무엇이 있습니까?

03과 학교

2. 우리 학교

MP3 / 16

• 학습목표: 학교 관련 장소를 묘사하는 내용을 이해할 수 있다.

Ⅰ. 준비해 봅시다

읽고 알맞은 것에 ✔하십시오.

1) 서점이 작습니다.

❶ (　　　)

❷ (　　　)

2) 가방이 많습니다.

❶ (　　　)

❷ (　　　)

3) 날씨가 덥습니다.

❶ (　　　)

❷ (　　　)

4) 날씨가 나쁩니다.

❶ (　　　)

❷ (　　　)

작다　많다　날씨　덥다　나쁘다

Ⅱ. 읽어 봅시다

우리 학교는 넓습니다. 학생들도 많습니다.
학교에 도서관과 학생회관이 있습니다.
도서관이 아주 조용합니다. 학생회관이 큽니다.
학생회관 안에 가게도 많습니다.

1 알맞은 것을 연결하십시오.

1) 우리 학교에는 학생들이 많습니다. •

2) 도서관이 조용합니다. •

3) 학생회관이 큽니다. •

• ① 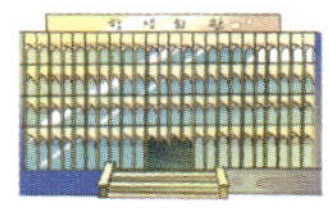

• ② 

• ③ 

2 문장을 읽고 맞으면 O, 틀리면 X 하십시오.

1) 우리 학교는 넓습니다. ( )
2) 학교에 학생들이 적습니다. ( )
3) 도서관이 시끄럽습니다. ( )

3 질문을 읽고 알맞은 대답을 쓰십시오.

1) 학교에 무엇이 있습니까?
______ 과/와 ______ 이/가 있습니다.

2) 학생회관 안에 무엇이 많습니까?
______ 이/가 많습니다.

넓다 아주 조용하다 크다 가게 적다

III. 들어 봅시다

1 문장을 듣고 맞는 것에 ✔하십시오.

1)
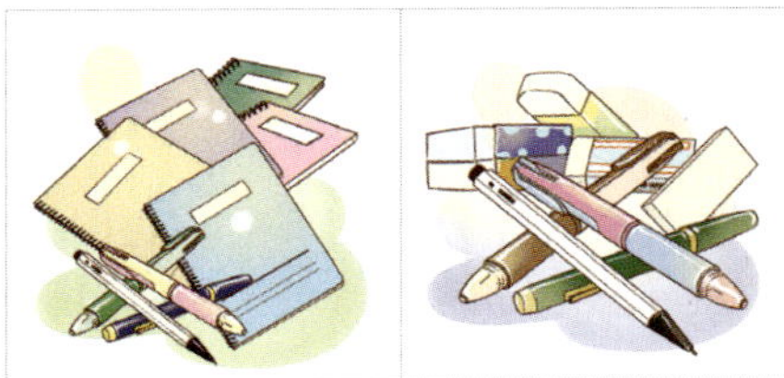

❶ (　　) ❷ (　　)

2)
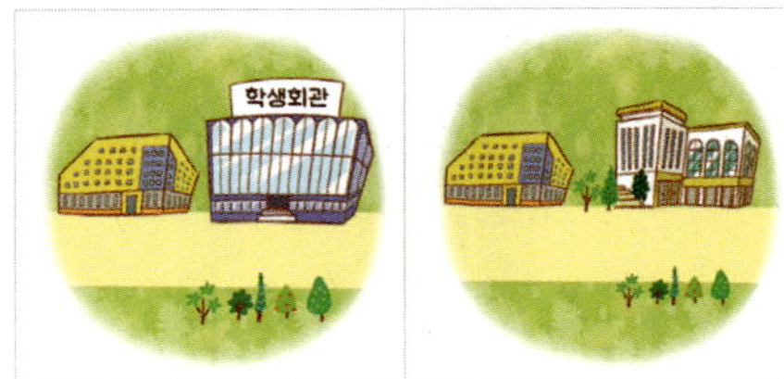

❶ (　　) ❷ (　　)

3)

❶ (　　) ❷ (　　)

4)

❶ (　　) ❷ (　　)

2 질문을 듣고 맞는 대답을 고르십시오.

1) •	•	❶ 네, 많습니다.
2) •	•	❷ 네, 좋습니다.
3) •	•	❸ 아니요, 큽니다.
4) •	•	❹ 아니요, 조용합니다.

[3-4] 대화를 듣고 질문에 답하십시오.

3 맞으면 O, 틀리면 X 하십시오.

1) 기숙사 방이 큽니다. (　　)

2) 방에 옷장이 있습니다. (　　)

좋다　방　하고　옷장

4 대화를 완성하십시오.

가: 윤아 씨, 기숙사 방이 ____________________

나: 아니요, 방이 작습니다.

가: 방에 무엇이 있습니까?

나: ____________ 이/가 있습니다. 옷장도 있습니다.

[5-6] 대화를 듣고 질문에 답하십시오.

5 질문에 답하십시오.

1) 어디에 사람이 많습니까? (　　　)

❶ 사무실　❷ 은행　❸ 편의점　❹ 커피숍

2) 은행은 시끄럽습니까?

아니요, ____________________

6 대화를 완성하십시오.

가: 유키 씨, 사무실 근처에 무엇이 있습니까?

나: ____________________

가: 커피숍에 사람이 많습니까?

나: 네, 사람이 많습니다. 조금 ____________________

가: 은행은 어떻습니까?

나: 은행은 사람이 적습니다. 조용합니다.

Ⅳ. 따라해 봅시다

- 은행 [은행]
- 학생 [학쌩]
- 은행하고 커피숍이 있습니다.

Ⅴ. 정리해 봅시다

1. 학교가 어떻습니까?
2. 학교에 무엇이 있습니까?

시끄럽다　근처　커피숍　조금　어떻다

04 4과 친구

1. 친구

MP3 / 17

• 학습목표: 친구를 소개하는 내용을 이해할 수 있다.

I. 준비해 봅시다

듣고 맞으면 ○, 틀리면 X 하십시오.

1) (   )

2) (   )

3) (   )

4) (   )

II. 읽어 봅시다

이 사람은 제 친구 마이클 씨입니다.
마이클 씨는 대학생입니다.
미국에서 왔습니다.
한국말을 배웁니다.
마이클 씨는 친구가 많습니다.
친구를 자주 만납니다.

책 공책 읽다 보다[1] 쓰다 사다 한국말 배우다 자주 만나다

1 문장을 읽고 알맞은 것에 ✔하십시오.

1) 마이클 씨는 대학생입니다.

❶ (   ) ❷ (   )

2) 마이클 씨는 미국에서 왔습니다.

❶ (   ) ❷ (   )

3) 한국말을 배웁니다.

❶ (   ) ❷ (   )

4) 친구를 자주 만납니다.

❶ (   ) ❷ (   )

2 문장을 읽고 맞으면 ○, 틀리면 X 하십시오.

1) 마이클 씨는 미국 사람입니다. (   )

2) 마이클 씨는 한국말을 가르칩니다. (   )

3) 마이클 씨는 친구가 없습니다. (   )

3 질문을 읽고 알맞은 대답을 쓰십시오.

1) 마이클 씨는 어디에서 왔습니까?

______________에서 왔습니다.

2) 마이클 씨는 무엇을 배웁니까?

______________을/를 배웁니다.

가르치다

III. 들어 봅시다

1 문장을 듣고 알맞은 것을 연결하십시오.

1) 2) 3) 4)

① ② ③ ④

2 대화를 듣고 맞는 것에 ✔하십시오.

1)

① (　　) ② (　　)

2)

① (　　) ② (　　)

3)

① (　　) ② (　　)

4)

① (　　) ② (　　)

[3-4] 대화를 듣고 질문에 답하십시오.

3 맞으면 ○, 틀리면 X 하십시오.

1) 친구 이름이 올리비아입니다. (　　)

2) 레오 씨는 영국에서 왔습니다. (　　)

버스　기다리다　빵　먹다　커피　마시다　누구

4 대화를 완성하십시오.

가: 올리비아 씨, 저 사람이 ______________ 입니까?
나: 레오 씨입니다. 제 친구입니다.
가: 레오 씨는 어디에서 ______________
나: 프랑스에서 왔습니다. 요리사입니다.

[5-6] 대화를 듣고 질문에 답하십시오.

5 질문에 답하십시오.

1) 리나 씨는 어디에서 왔습니까? (   )
❶ 미국 ❷ 중국 ❸ 호주 ❹ 일본

2) 스미스 씨는 무엇을 가르칩니까?
스미스 씨는 ______________ 을/를 가르칩니다.

6 대화를 완성하십시오.

가: 안녕하십니까? 스미스 씨.
이 사람은 제 ______________
나: 안녕하십니까? 저는 스미스입니다.
다: 안녕하십니까? 저는 리나입니다.
일본에서 왔습니다.
나: ______________ 영어 선생님입니다.

Ⅳ. 따라해 봅시다

• 왔습니다[왇씀니다] • 있습니다[읻씀니다]
• 저는 미국에서 왔습니다.

Ⅴ. 정리해 봅시다

1. 친구가 있습니까? 2. 그 친구는 무엇을 합니까?

영어

친구

2. 기숙사 친구

MP3 / 18

• 학습목표: 장소와 관련된 행동을 이해할 수 있다.

I. 준비해 봅시다

읽고 알맞은 것을 연결하십시오.

1) 편의점에서 아르바이트합니다. • • ① 

2) 도서관에서 공부합니다. • • ② 

3) 피시방에서 게임합니다. • • ③ 

4) 찜질방에서 이야기합니다. • • ④ 

아르바이트하다 공부하다 피시방 게임하다 찜질방 이야기하다

Ⅱ. 읽어 봅시다

제임스 씨 기숙사입니다.
지금 노라 씨는 방에서 공부를 합니다.
마리아 씨는 음악을 듣습니다.
존 씨는 친구와 같이 운동합니다.
제임스 씨는 식당에서 밥을 먹습니다.
리타오 씨는 텔레비전을 봅니다.

1 알맞은 것을 연결하십시오.

1) 제임스　　2) 리타오　　3) 노라　　4) 존　　5) 마리아

① 
② 
③ 
④ 
⑤ 

2 문장을 읽고 맞으면 ○, 틀리면 X 하십시오.

1) 노라 씨는 도서관에서 공부합니다. (　　)
2) 리타오 씨는 아르바이트합니다. (　　)
3) 제임스 씨는 식당에서 밥을 먹습니다. (　　)

3 질문을 읽고 알맞은 대답을 쓰십시오.

1) 노라 씨는 어디에서 공부합니까?
노라 씨는 ________ 공부합니다.
2) 존 씨는 누구와 같이 운동합니까?
존 씨는 ________ 운동합니다.

지금　음악　듣다　운동하다　밥

III. 들어 봅시다

1 문장을 듣고 맞으면 ○, 틀리면 X 하십시오.

1) (　　)

2) (　　)

3) (　　)

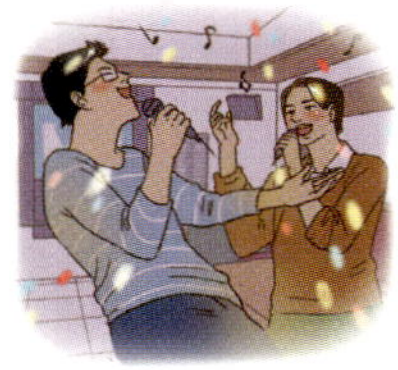

4) (　　)

2 문장을 듣고 맞는 것을 고르십시오.

1)

❶ (　　)

❷ (　　)

2)

❶ (　　)

❷ (　　)

3)

❶ (　　)

❷ (　　)

4)

❶ (　　)

❷ (　　)

[3-4] 대화를 듣고 질문에 답하십시오.

3 맞으면 ○, 틀리면 X 하십시오.

1) 리타오는 커피숍에서 숙제합니다. (　　)

2) 리타오는 혼자 숙제합니다. (　　)

빵집　숙제하다　혼자

4 대화를 완성하십시오.

가: 리타오 씨, ________ 숙제를 합니까?
나: 아니요, 커피숍에서 숙제를 합니다.
가: 누구하고 ________ 숙제합니까?
나: 하늘 씨하고 같이 합니다.

[5-6] 대화를 듣고 질문에 답하십시오.

5 질문에 답하십시오.

1) 유키 씨는 누구와 같이 산책합니까? (　　　)
❶ 흐엉　❷ 주앙　❸ 노라　❹ 레오

2) 공원이 어떻습니까?
공원이 ________

6 대화를 완성하십시오.

가: 유키 씨, ________
나: 공원에서 산책을 합니다.
가: ________ 산책을 합니까?
나: 노라 씨하고 같이 산책을 합니다.
가: 공원이 어떻습니까?
나: 공원이 넓습니다.

Ⅳ. 따라해 봅시다

- 같이[가치]
- 밭이[바치]
- 누구하고 같이 산책을 합니까?

Ⅴ. 정리해 봅시다

1. 어디에서 친구를 만납니까?
2. 친구하고 같이 무엇을 합니까?

공원　산책하다

복습

MP3 / 19

1 대화를 듣고 대답하십시오.

1. **무엇에 대한 이야기입니까? (　　)**

   ① 학교　② 친구　③ 식당　④ 한국말

2. **들은 내용과 같은 것을 고르십시오. (　　)**

   ① 에릭 씨는 미국 사람입니다.
   ② 다니엘 씨는 에릭 씨 친구입니다.
   ③ 다니엘 씨는 에릭 씨와 같이 일합니다.
   ④ 에릭 씨는 회사원이 아닙니다.

3. **에릭 씨는 무엇을 공부합니까? 쓰십시오.**

   ______________ 을/를 공부합니다.

분　일하다

2 다음을 읽고 질문에 답하십시오.

저는 다니엘입니다.
호주에서 왔습니다.
제 직업은 요리사입니다.
레오 씨와 같이 일합니다.
식당은 이태원에 있습니다.
식당에 사람이 많습니다.

1. **이 글의 내용과 같은 것을 고르십시오. ( )**
   ① 다니엘 씨는 호주 사람이 아닙니다.
   ② 레오 씨는 다니엘 씨와 같이 일합니다.
   ③ 식당은 신촌에 있습니다.
   ④ 식당에 사람이 적습니다.

2. **다니엘 씨 직업은 무엇입니까? ( )**
   ① 선생님 ② 은행원 ③ 회사원 ④ 요리사

문화

친구

여러분은 한국 친구가 많습니까? 대부분 외국인은 친해지면 친구라고 생각하지만 한국에서는 많이 친해도 나이가 다르면 친구라고 생각하지 않습니다. 한국 사람들은 나와 나이가 같은 사람을 친구라고 생각합니다. 나보다 나이가 많거나 적으면 친한 언니, 오빠, 형, 누나, 동생이 됩니다. 이렇게 한국에서는 사람을 사귈 때 나이가 중요합니다. 그래서 다른 사람들을 처음 만나면 나이를 묻습니다.

이태원 신촌

05과 고향

1. 고향

MP3 / 20

• 학습목표: 고향을 소개하는 내용을 이해할 수 있다.

I. 준비해 봅시다

읽고 맞으면 O, 틀리면 X 하십시오.

1) 산에 갑니다.  (　　)

2) 강에서 수영합니다.  (　　)

3) 가족을 만납니다.  (　　)

4) 고향 음식을 먹습니다.  (　　)

II. 읽어 봅시다

여기는 제 고향입니다.
제 고향에 산이 있습니다.
저는 산에 자주 갑니다.
산 옆에 강이 있습니다.
저는 강에서 수영을 합니다.
제 고향은 날씨가 좋습니다.
저는 고향에 가고 싶습니다.

고향　산　강　수영을 하다　가족　음식

1 문장을 읽고 관계가 있는 것과 연결하십시오.

1) 제 고향에 산과 강이 있습니다. • • ①

2) 저는 강에서 수영을 합니다. • • ②

3) 제 고향은 날씨가 좋습니다. • • ③

2 문장을 읽고 맞으면 O, 틀리면 X 하십시오.

1) 제 고향에 강이 있습니다. ( )
2) 저는 바다에서 수영을 합니다. ( )
3) 제 고향 날씨가 좋습니다. ( )

3 질문을 읽고 알맞은 대답을 쓰십시오.

1) 고향에 무엇이 있습니까?
고향에 ______ 과/와 ______ 이/가 있습니다.

2) 이 사람은 어디에 가고 싶어 합니까?
이 사람은 ______ 에 가고 싶어 합니다.

바다

III. 들어 봅시다

1 문장을 듣고 알맞은 것과 연결하십시오.

1) • 2) • 3) • 4) •

2 문장을 듣고 맞는 것에 ✔하십시오.

1) □ 강 근처 □ 호수 근처
□ 수영 □ 산책

2) □ 산 □ 바다
□ 등산 □ 수영

3) □ 바다 □ 산
□ 등산 □ 수영

4) □ 호수 □ 강
□ 산책 □ 수영

[3-4] 대화를 듣고 질문에 답하십시오.

3 맞으면 O, 틀리면 X 하십시오.

1) 여자는 고향에 갑니다. ( )
2) 남자는 고향 친구를 만나고 싶어 합니다. ( )
3) 여자는 고향 음식을 먹고 싶어 합니다. ( )

4 대화를 완성하십시오.

가: 지금 어디에 갑니까?
나: 저는 ________에 갑니다.
가: 고향에서 무엇을 하고 싶습니까?
나: 저는 ________을/를 만나고 싶습니다.
고향 음식도 먹고 싶습니다.

병원 호수 산책 등산 여자 남자

[5-6] 대화를 듣고 질문에 답하십시오.

5 질문에 답하십시오.

1) 타오 씨는 고향에서 누구를 만나고 싶어 합니까? (　　　,　　　)

❶ 가족　　❷ 한국 친구　　❸ 선생님　　❹ 중국 친구

2) 친구는 고향에서 무엇을 하고 싶어 합니까?

친구는 고향 친구들과 ______________________

6 대화를 완성하십시오.

가: 타오 씨, 지금 ______________________

나: 중국 친구와 같이 고향에 갑니다.
제 고향은 중국 베이징입니다.

가: 고향에서 ______________________

나: 저는 가족을 만나고 싶습니다.
학교 선생님도 만나고 싶습니다.

가: 친구는 무엇을 하고 싶어 합니까?

나: 친구는 고향 친구들과 놀고 싶어 합니다.

Ⅳ. 따라해 봅시다

- 고향[고향]
- 수영[수영]
- 저는 고향에 가고 싶습니다.

Ⅴ. 정리해 봅시다

1. 여러분 고향에 산, 강, 바다, 호수 중에서 무엇이 있습니까?
2. 그곳에서 무엇을 하고 싶습니까?

베이징　놀다

05과 고향

2. 제주도

MP3 / 21

• 학습목표: 고향을 묘사하는 내용을 이해할 수 있다.

Ⅰ. 준비해 봅시다

다음을 읽고 알맞은 그림에 ✔하십시오.

1) 경치가 아름답습니다.

❶ (　　　) ❷ (　　　)

2) 강이 더럽습니다.

❶ (　　　) ❷ (　　　)

3) 백화점이 복잡합니다.

❶ (　　　) ❷ (　　　)

4) 회사원이 바쁩니다.

❶ (　　　) ❷ (　　　)

Ⅱ. 읽어 봅시다

제주도는 제 고향입니다.
제주도에 바다가 있습니다.
바다가 깨끗하고 아름답습니다.
제주도는 공기가 좋고 복잡하지 않습니다.
올레길과 한라산도 있습니다.
고향 사람들이 친절합니다.
저는 제 고향이 아주 좋습니다.

경치　아름답다　더럽다　복잡하다　바쁘다

1 글을 읽고 관계가 있는 그림과 연결하십시오.

1) 제주도에 바다가 있습니다. • • ❶ 

2) 바다가 깨끗하고 아름답습니다. • • ❷ 

3) 올레길과 한라산이 있습니다. • • ❸ 

2 문장을 읽고 맞으면 O, 틀리면 X 하십시오.

1) 강이 깨끗하고 아름답습니다. (   )

2) 제 고향은 공기가 좋습니다. (   )

3) 제 고향은 복잡합니다. (   )

3 질문을 읽고 알맞은 대답을 쓰십시오.

1) 고향이 어디입니까?

제 고향은 ______________ 입니다.

2) 고향 사람들이 어떻습니까?

고향 사람들이 ______________

깨끗하다 공기 올레길 한라산 친절하다

III. 들어 봅시다

1 문장을 듣고 관계가 있는 것과 연결하십시오.

1) 
❶ (　　　) ❷ (　　　)

2) 
❶ (　　　) ❷ (　　　)

3) 
❶ (　　　) ❷ (　　　)

4) 
❶ (　　　) ❷ (　　　)

2 듣고 맞는 것에 ✔하십시오.

1) □ 복잡하다 □ 깨끗하다
□ 더럽다 □ 아름답다

2) □ 넓다 □ 바쁘다
□ 조용하다 □ 시끄럽다

3) □ 작다 □ 크다
□ 예쁘다 □ 나쁘다

4) □ 친절하다 □ 좋다
□ 재미없다 □재미있다

[3-4] 대화를 듣고 질문에 답하십시오.

3 맞으면 ○, 틀리면 X 하십시오.

1) 레오 씨 고향에 강이 있습니다. (　　　)
2) 호수가 크지 않습니다. (　　　)
3) 호수가 아름답습니다. (　　　)

4 대화를 완성하십시오.

가: 레오 씨 고향에 강이 있습니까?
나: 아니요, 제 고향에 강이 없습니다. 호수가 있습니다.
가: 호수가 ____________________
나: 네, 호수가 크고 ____________________

한가하다　예쁘다　재미있다　재미없다

[5-6] 대화를 듣고 질문에 답하십시오.

5 질문에 답하십시오.

1) 대구에 무엇이 있습니까? (   )

❶ 산과 호수 ❷ 산과 강 ❸ 산과 바다 ❹ 호수와 바다

2) 대구가 복잡합니까?

아니요, 대구가 ____________

6 대화를 완성하십시오.

가: 우진 씨, ____________

나: 제 고향은 대구입니다.

가: 대구에 바다가 있습니까?

나: 아니요, 바다가 없습니다. 산과 강이 있습니다.

가: 대구가 복잡합니까?

나: 아니요, 복잡하지 않습니다. ____________

Ⅳ. 따라해 봅시다

- 복잡하지[복짜파지]
- 연습하지 [연스파지]
- 제주도는 복잡하지 않습니다.

Ⅴ. 정리해 봅시다

1. 고향이 어떻습니까?
2. 고향 사람들이 어떻습니까?

대구

06과 학교생활

1. 수업 시간

MP3 / 22

• 학습목표: 시간과 일정 관련 내용을 이해할 수 있다.

I. 준비해 봅시다

듣고 알맞은 것을 연결하십시오.

1) 2) 3) 4)

II. 읽어 봅시다

저는 날마다 여덟 시에 학교에 갑니다. 학교 커피숍에서 커피와 빵을 먹습니다. 그리고 여덟 시 반에 교실에 갑니다. 아홉 시에 선생님이 옵니다. 수업을 시작합니다. 오전 아홉 시부터 오후 한 시까지 한국말을 배웁니다. 한 시 반에 친구들과 같이 점심을 먹습니다.

수업 시간 하나(한) 시 열하나 여덟 반[1] 아홉 날마다 그리고 시작하다 오전 오후 점심

1 읽고 알맞은 것을 연결하십시오.

1)

2)

3)

4)

❶

❷

❸

❹

2 문장을 읽고 맞으면 O, 틀리면 X 하십시오.

1) 학교 커피숍에서 커피를 마십니다. ( )

2) 8시 반에 선생님이 교실에 옵니다. ( )

3) 9시부터 1시 반까지 한국말을 공부합니다. ( )

3 질문을 읽고 알맞은 대답을 쓰십시오.

1) 이 사람은 몇 시에 학교에 갑니까?

_______________ 학교에 갑니다.

2) 언제 수업을 시작합니까?

_______________ 수업을 시작합니다.

몇 언제

Ⅲ. 들어 봅시다

1 문장을 듣고 맞는 것에 ✔하십시오.

1)

❶ (　　　)

❷ (　　　)

2)

❶ (　　　)

❷ (　　　)

3)

❶ (　　　)

❷ (　　　)

4)

❶ (　　　)

❷ (　　　)

2 문장을 듣고 알맞은 것을 연결하십시오.

1) 에릭 • • ❶  • • 가 

2) 제임스 • • ❷  • • 나 

3) 리타오 • • ❸  • • 다 

4) 유키 • • ❹  • • 라 

[3-4] 대화를 듣고 질문에 답하십시오.

3 맞으면 O, 틀리면 X 하십시오.

1) 3시부터 4시까지 숙제를 합니다. ( )
2) 5시에 운동을 합니다. ( )

4 대화를 완성하십시오.

가: 언제 숙제를 합니까?
나: 3 시부터 ______ 숙제를 합니다.

가: 운동은 몇 시에 합니까?
나: ______ 합니다.

[5-6] 대화를 듣고 질문에 답하십시오.

5 질문에 답하십시오.

1) 노라 씨는 몇 시까지 아르바이트를 합니까? ( )
   ① 3시 ② 4시 ③ 5시 ④ 6시
2) 노라 씨는 언제 숙제를 합니까?
   노라 씨는 ______

6 대화를 완성하십시오.

가: 노라 씨, ______
나: 3시부터 5시까지 아르바이트를 합니다.
가: ______
나: 도서관에서 숙제를 합니다.
가: 노라 씨와 같이 영화를 보고 싶습니다. 언제 시간이 있습니까?
나: 저는 저녁에 시간이 있습니다.

Ⅳ. 따라해 봅시다

- 먹습니다[먹씀니다]
- 작습니다[작씀니다]
- 한 시 반에 친구들과 같이 점심을 먹습니다.

Ⅴ. 정리해 봅시다

1. 몇 시에 밥을 먹습니까?
2. 아침부터 저녁까지 무엇을 합니까? 몇 시에 그것을 합니까?

저녁

06과 학교생활

2. 학교생활

MP3 / 23

• 학습목표: 숫자와 제안 표현을 이해할 수 있다.

Ⅰ. 준비해 봅시다

그림을 보고 알맞은 것을 연결하십시오.

1) 

2) 

3) 

① 구천사백팔

② 백이십오

③ 다섯 시 십칠 분

Ⅱ. 읽어 봅시다

저는 집 앞에서 2000번 버스를 탑니다.
8시 40분에 학교에 옵니다.
9시에 선생님이 수업을 시작합니다.

선생님: 여러분, 160쪽을 보십시오.
누가 읽고 싶습니까?

노　라: 선생님, 제가 읽을까요?

선생님: 네, 노라 씨가 읽으십시오.

9시 50분부터 10시까지 쉽니다.
우리는 그 시간에 편의점에 갑니다.

생활　번　타다　여러분　쪽　쉬다

1 알맞은 것을 연결하십시오.

1) 여덟 시 사십 분 · 2) 이천 번 · 3) 아홉 시 오십 분 · 4) 백육십 쪽

①

②

③

④

2 문장을 읽고 맞으면 ○, 틀리면 X 하십시오.

1) 학교 앞에서 버스를 탑니다. (　　)

2) 8시 50분에 수업을 시작합니다. (　　)

3) 노라 씨가 책을 읽고 싶어 합니다. (　　)

3 질문을 읽고 알맞은 대답을 쓰십시오.

1) 몇 시부터 몇 시까지 쉽니까?

________________ 쉽니다.

2) 학생들은 9시 50분에 어디에 갑니까?

________________ 갑니다.

III. 들어 봅시다

1 문장을 듣고 알맞은 것을 연결하십시오.

1) • — • ❶

2) • — • ❷

3) • — • ❸

4) • — • ❹

❶ 

❷ 

❸ 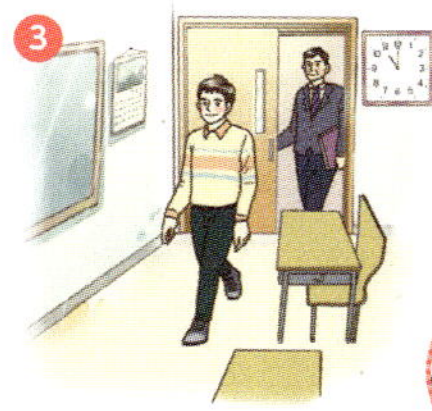

❹ 

2 듣고 맞는 대답을 고르십시오.

1) (　　)　2) (　　)　3) (　　)　4) (　　)

❶	❷	❸	❹
36 쪽을 읽으십시오.	415 호에 가십시오.	3시 30분에 오십시오.	7737 번을 타십시오.

[3-4] 대화를 듣고 질문에 답하십시오.

3 맞으면 O, 틀리면 X 하십시오.

1) 레오는 3시에 학교에 옵니다. (　　)

2) 레오는 도서관 앞에서 기다립니다. (　　)

4 대화를 완성하십시오.

가: 선생님, 몇 시까지 학교에 올까요?

나: 레오 씨, 오후 ＿＿＿＿＿＿ 까지 오십시오.

가: 어디에서 ＿＿＿＿＿＿

나: 도서관 앞에서 기다리십시오.

[5-6] 대화를 듣고 질문에 답하십시오.

5 대답을 쓰십시오.

1) 남자는 어디에 갑니까? (   )

❶ 학교 ❷ 백화점 ❸ 커피숍 ❹ 사무실

2) 남자는 몇 번 버스를 탑니까?

________ 버스를 탑니다.

6 대화를 완성하십시오.

가: 윤아 씨, 몇 번 버스가 백화점에 갑니까?

나: ________

가: 어디에서 버스를 탑니까?

나: ________ 백화점에서 무엇을 사고 싶습니까?

가: 저는 옷을 사고 싶습니다. 윤아 씨는 어디에 갑니까?

나: 저는 커피숍에 갑니다.

Ⅳ. 따라해 봅시다

- 읽고[일꼬]
- 밝고[발꼬]
- 누가 읽고 싶습니까?

Ⅴ. 정리해 봅시다

1. 지금 몇 시입니까?
2. 우리 교실은 몇 호입니까?

옷

복습

MP3 / 24

1 다음을 읽고 질문에 답하십시오.

저는 날마다 9시부터 12시까지 편의점에서 아르바이트를 합니다.
오후에는 일하지 않습니다.
저는 1시 30분에 학교에 갑니다.
2시부터 6시까지 한국어 수업이 있습니다.
한국어 문법은 조금 어렵고 숙제도 많습니다.
그렇지만 선생님들이 친절하고 (가) 가르칩니다.
가끔 친구들과 (나) 숙제를 합니다.
저녁에 체육관에서 태권도를 배웁니다.
태권도가 아주 재미있습니다.

1. 이 글은 무엇에 대한 글입니까? (　　)

① 한국 생활　② 아르바이트　③ 한국어 공부　④ 한국어 선생님

2. 이 글의 내용과 다른 것을 고르십시오. (　　)

① 오전에 아르바이트를 합니다.　② 오후 2시에 수업을 시작합니다.
③ 한국어 숙제가 조금 어렵습니다.　④ 태권도가 아주 재미있습니다.

3. 빈 칸에 알맞은 것을 보기 에서 골라 쓰십시오.

보기

같이　잘

가 (　　)　나 (　　)

한국어　문법　어렵다　그렇지만　가끔　잘

2 대화를 듣고 대답하십시오.

1. **두 사람은 지금 무슨 이야기를 합니까? (　　)**
   ① 한국 친구　② 한국어학당　③ 한국어 공부　④ 한국 대학교

2. **대화의 내용과 같은 것을 고르십시오. (　　)**
   ① 여자는 오전에 시간이 있습니다.
   ② 여자는 한국어 공부가 어렵습니다.
   ③ 남자는 한국어 공부가 재미있습니다.
   ④ 남자는 오전에 한국어를 공부합니다.

문화

숫자 세기

여러분 나라에서는 손가락으로 어떻게 숫자를 셉니까? 한국에서는 손을 모두 편 후에 손가락을 접으면서 수를 셉니다. 엄지를 접으면 1, 엄지와 검지를 접으면 2, 이렇게 모두 접으면 5가 됩니다. 6부터 10은 접은 손가락을 하나씩 펴면서 셉니다. 그런데 이때 새끼손가락부터 하나씩 펴면서 셉니다.

단어　도와주다　잘하다

07과 음식

1. 음식

MP3 / 25

• 학습목표: 음식 관련 내용을 이해할 수 있다.

Ⅰ. 준비해 봅시다

듣고 알맞은 그림과 연결하십시오.

1) 2) 3) 4)

❶

❷

❸

❹

Ⅱ. 읽어 봅시다

유키 씨 집은 노라 씨 집 근처에 있습니다.
유키 씨는 노라 씨 집에 자주 갑니다.
노라 씨 집에서 두 사람은 같이 숙제를 합니다.
노라 씨는 요리를 잘합니다.
그래서 자주 음식을 만듭니다.

노라: 유키 씨, 오늘은 무슨 음식을 만들까요?
유키: 오늘은 한식을 먹고 싶습니다.
노라: 그럼 제가 비빔밥을 만들까요?
유키: 네, 저도 같이 만들고 싶습니다.

냉면 김치찌개 삼계탕 닭갈비 요리 만들다 오늘 한식 비빔밥

1 문장을 읽고 관계가 있는 그림과 연결하십시오.

1) 유키 씨 집은 노라 씨 집 근처에 있습니다. • • ①

2) 두 사람은 노라 씨 집에서 같이 숙제를 합니다. • • ②

3) 그럼, 오늘은 제가 비빔밥을 만들까요? • • ③

2 문장을 읽고 맞으면 O, 틀리면 X 하십시오.

1) 유키 씨와 노라 씨는 학교에서 숙제를 합니다. (　　)

2) 노라 씨는 자주 음식을 만듭니다. (　　)

3) 유키 씨는 오늘 한식을 먹고 싶어 합니다. (　　)

3 질문을 읽고 알맞은 대답을 쓰십시오.

1) 노라 씨는 무엇을 잘합니까?

노라 씨는 ____________ 을/를 잘합니다.

2) 두 사람은 오늘 무슨 음식을 먹습니까?

두 사람은 ____________ 을/를 먹습니다.

III. 들어 봅시다

1 문장을 듣고 맞는 그림의 번호를 고르십시오.

1) (　　)

① 
② 

2) (　　)

① 
② 

3) (　　)

① 
② 

4) (　　)

① 
② 

2 질문을 듣고 맞는 대답을 연결하십시오.

1) •	•	① 수영을 자주 합니다.
2) •	•	② 힙합을 듣습니다.
3) •	•	③ 일식을 먹고 싶습니다.
4) •	•	④ 사과를 좋아합니다.

[3-4] 대화를 듣고 질문에 답하십시오.

3 맞으면 O, 틀리면 X 하십시오.

1) 수현 씨는 중국 음식을 좋아합니다. (　　)
2) 자장면이 맛없습니다. (　　)
3) 수현 씨는 중국 음식을 만들지 않습니다. (　　)

불고기　머리　길다　아이　집　멀다　일식　과일　사과　힙합　영화
중국 음식　자장면　맛있다　탕수육　맛없다

4 대화를 완성하십시오.

가: 수현 씨는 ______________ 을/를 좋아합니까?
나: 저는 중국 음식을 좋아합니다.
　　자장면을 좋아합니다. 자장면이 아주 맛있습니다.
가: 집에서 중국 음식을 ______________
나: 네, 자주 만듭니다. 자장면도 만들고 탕수육도 만듭니다.

[5-6] 대화를 듣고 질문에 답하십시오.

5 질문에 답하십시오.

1) 윤아 씨는 무엇을 자주 마십니까? (　　　)
① 우유　② 차　③ 주스　④ 커피

2) 윤아 씨는 무슨 차를 좋아합니까?
______________ 을/를 좋아합니다.

6 대화를 완성하십시오.

가: 윤아 씨, ______________ 을/를 좋아합니까?
나: 저는 커피를 좋아하지 않습니다.
가: 그럼, 무엇을 자주 마십니까?
나: 저는 차를 자주 마십니다. 유자차를 좋아합니다.
가: 유자차는 맛이 어떻습니까?
나: 조금 ______________

Ⅳ. 따라해 봅시다

- 맛있습니다 [마딛씀니다/마싣씀니다]
- 멋있습니다[머딛씀니다/머싣씀니다]
- 자장면이 아주 맛있습니다.

Ⅴ. 정리해 봅시다

1. 무슨 음식을 좋아합니까?
2. 그 음식 맛이 어떻습니까?

우유　차[1]　유자차　맛　시다　달다

07과 음식

2. 음식 주문

MP3 / 26

• 학습목표: 음식을 주문하는 상황을 이해할 수 있다.

I. 준비해 봅시다

문장을 읽고 맞으면 ○, 틀리면 X 하십시오.

1)  우유가 두 잔 있습니다. ( )

2)  라면이 네 개 있습니다. ( )

3)  김밥이 한 줄 있습니다. ( )

4)  콜라가 일곱 병 있습니다. ( )

5)  비빔밥이 세 그릇 있습니다. ( )

II. 읽어 봅시다

우리 회사 앞에 백화점이 있습니다.
그 백화점 10층에 식당이 많습니다.
저는 가끔 제인 씨와 같이 거기에 갑니다.
음식이 맛있고 값도 비싸지 않습니다.
오늘은 피자를 먹고 싶습니다.

제인: 뭘 먹을까요?
우진: 여기는 불고기피자가 맛있습니다.
제인: 그럼 불고기피자와 콜라를 먹읍시다.
우진: 여기요, 불고기피자 한 판하고 콜라 두 잔 주십시오.

주문 잔 라면 개 김밥 줄 콜라 병 그릇 층 거기 값 비싸다 피자 판

1 문장을 읽고 관계가 있는 그림과 연결하십시오.

1) 우리 회사 앞에 백화점이 있습니다. • • ①

2) 음식이 맛있고 값도 비싸지 않습니다. • • ②

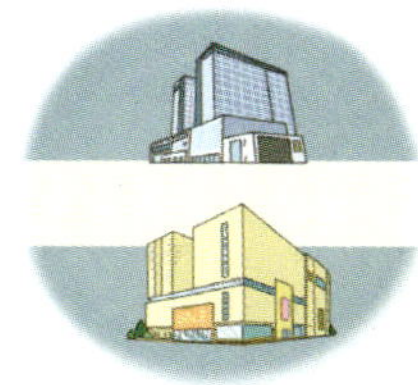

3) "피자 한 판하고 콜라 두 잔 주십시오." • • ③

2 문장을 읽고 맞으면 O, 틀리면 X 하십시오.

1) 백화점 근처에 식당이 많습니다. ( )

2) 우진 씨는 피자를 먹고 싶어 합니다. ( )

3) 두 사람은 콜라와 피자 두 판을 먹습니다. ( )

3 질문을 읽고 알맞은 대답을 쓰십시오.

1) 식당이 어디에 있습니까?

식당은 백화점 ________에 있습니다.

2) 두 사람은 무엇을 주문합니까?

불고기피자 ________하고 콜라 ________을/를 주문합니다.

III. 들어 봅시다

1 문장을 듣고 관계가 있는 그림과 연결하십시오.

1) 2) 3) 4)

❶ 

❷ 

❸ 

❹ 

2 문장을 듣고 맞는 대답을 고르십시오.

1) • • ❶ 같이 게임할까요?

2) • • ❷ 같이 공원에 갈까요?

3) • • ❸ 그럼 피자를 시킬까요?

4) • • ❹ 그럼 같이 공부할까요?

[3-4] 대화를 듣고 질문에 답하십시오.

3 맞으면 O, 틀리면 X 하십시오.

1) 두 사람은 한식집에 있습니다. ( )

2) 여자는 갈비탕을 먹고 싶어 합니다. ( )

3) 남자는 냉면을 먹고 싶어 합니다. ( )

4 대화를 완성하십시오.

가: 흐엉 씨, 뭘 ________________

나: 저는 갈비탕을 먹고 싶습니다.

가: 저는 비빔밥을 먹고 싶습니다.

나: 그럼 갈비탕하고 비빔밥을 ________________

심심하다 한식집 갈비탕

[5-6] 대화를 듣고 질문에 답하십시오.

5 질문에 답하십시오.

1) 이 식당은 무슨 음식이 맛있습니까? (   )

① 냉면 ② 불고기 ③ 갈비 ④ 우동

2) 두 사람은 무슨 음식을 먹습니까?

____

6 대화를 완성하십시오.

가: 이 식당은 무슨 음식이 맛있습니까?
나: 갈비가 맛있습니다. __________
가: 네, 저는 냉면도 먹고 싶습니다.
나: 그럼 갈비하고 냉면을 먹읍시다.
가: 여기요, __________ 주십시오.
나: 갈비가 아주 맛있습니다.

Ⅳ. 따라해 봅시다

- 값도 [갑또]
- 없다 [업따]
- 값도 비싸지 않습니다.

Ⅴ. 정리해 봅시다

1. 식당에서 무슨 음식을 자주 주문합니까?
2. 식당에서 어떻게 음식을 주문합니까?

갈비 우동

08과 하루 생활

1. 10월

MP3 / 27

• 학습목표: 날짜와 요일 관련 내용을 이해할 수 있다.

Ⅰ. 준비해 봅시다

듣고 맞는 것에 ✔하십시오.

1)

① (　　)　② (　　)

2)

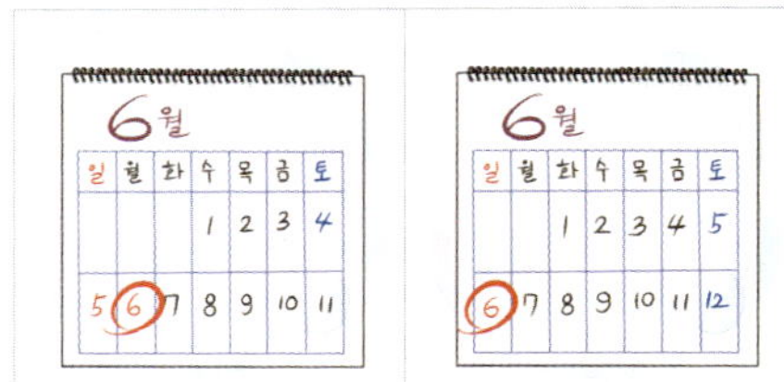

① (　　)　② (　　)

3)

① (　　)　② (　　)

4)

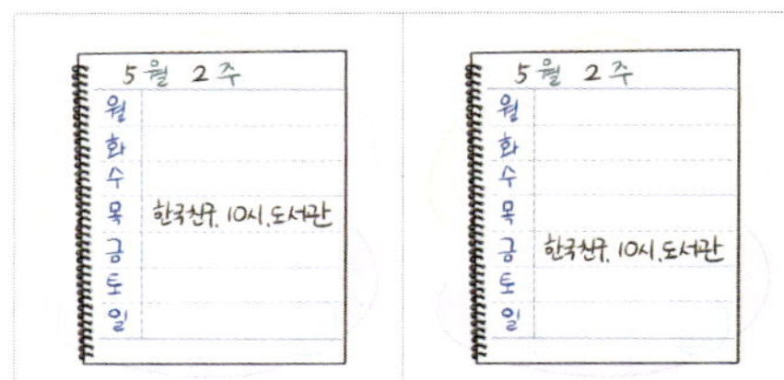

① (　　)　② (　　)

Ⅱ. 읽어 봅시다

오늘은 10월 1일 월요일이에요.
10월 3일은 개천절이에요.
학교에 가지 않아요.
10월 9일에도 수업이 없어요.
이날은 한글날이에요.
11일과 12일에 시험이 있어요.
13일에는 반 친구들과 부산에 가요.
바다도 보고 생선회도 먹고 싶어요.
16일에 고향 친구가 서울에 와요.
친구를 빨리 만나고 싶어요.

삼월　유월　팔월　금요일　생일　시월　월　일[1]　월요일　개천절　이날
한글날　시험　반[2]　부산　생선회　서울　빨리

1 알맞은 것을 연결하십시오.

1) 시월 십일 일　　2) 시월 십삼 일　　3) 시월 십육 일

①
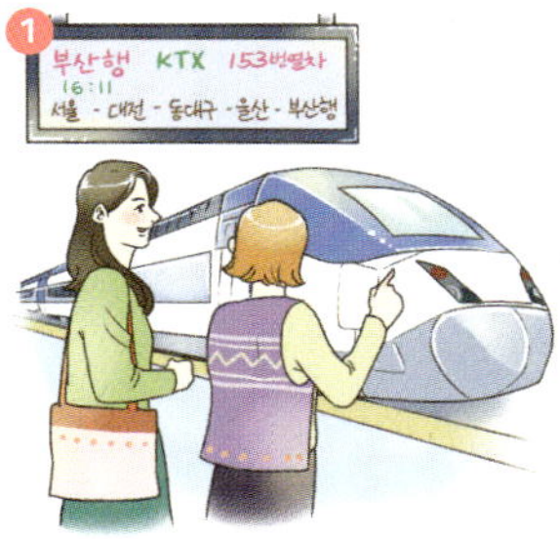

②

③

2 문장을 읽고 맞으면 O, 틀리면 X 하십시오.

1) 개천절에는 학교에 가지 않아요. (　　)

2) 10월 9일은 한글날이에요. (　　)

3) 고향 친구들과 부산에 가요. (　　)

3 질문을 읽고 알맞은 대답을 쓰십시오.

1) 한글날은 몇 월 며칠이에요?

한글날은 ______________________

2) 고향 친구가 언제 한국에 와요?

고향 친구가 ______________________

III. 들어 봅시다

1 문장을 듣고 알맞은 것을 연결하십시오.

1) 월요일 2) 화요일 3) 수요일 4) 목요일

① 

② 

③ 

④ 

2 대화를 듣고 맞는 것에 ✔하십시오.

1)

① (　　　)

② (　　　)

2)

① (　　　)

② (　　　)

3)

① (　　　)

② (　　　)

4)

① (　　　)

② (　　　)

[3-4] 대화를 듣고 질문에 답하십시오.

3 맞으면 ○, 틀리면 X 하십시오.

1) 에릭 씨는 금요일 오후에 일이 있어요. (　　　)

2) 금요일은 리타오 씨 생일이에요. (　　　)

3) 에릭 씨는 불고기와 잡채를 만들고 싶어 해요. (　　　)

화요일　수요일　목요일　며칠　요일　일[2]　잡채

4 알맞은 말을 쓰십시오.

가: 에릭 씨, ______ 오후에 바빠요?

나: 아니요, 한가해요. 무슨 일이 있어요?

가: 리타오 씨 ______ 같이 불고기를 만들까요?

나: 네, 좋아요. 잡채도 만듭시다.

[5-6] 대화를 듣고 질문에 답하십시오.

5 대답을 쓰십시오.

1) 몇 월 며칠에 시험을 봐요? (   )

❶ 9월 3일 ❷ 9월 4일 ❸ 3월 9일 ❹ 4월 9일

2) 두 사람은 무슨 요일에 같이 공부해요?

두 사람은 ______

6 대화를 완성하십시오.

가: 유키 씨, ______

나: 9월 3일에 봐요.

가: 9월 3일이 ______

나: 월요일이에요.

가: 그럼 토요일에 같이 도서관에서 공부할까요?

나: 좋아요. 몇 시에 만날까요?

가: 9시에 만나요.

Ⅳ. 따라해 봅시다

- 한글날[한글랄]
- 설날[설랄]
- 이날은 한글날이에요.

Ⅴ. 정리해 봅시다

1. 생일이 언제입니까?
2. 오늘은 무슨 요일입니까?

토요일

08과 하루 생활

2. 하루 생활

MP3 / 28

• 학습목표: 하루 일과 관련 내용을 이해할 수 있다.

Ⅰ. 준비해 봅시다

듣고 맞는 그림의 번호를 쓰십시오.

1) (　　　)　2) (　　　)　3) (　　　)　4) (　　　)

Ⅱ. 읽어 봅시다

저는 날마다 6시에 일어나요.
운동을 하고 샤워를 해요.
아침을 먹고 9시까지 회사에 가요.
회사에서 커피를 마시고 일을 시작해요.
12시에 점심을 먹고 회의를 해요.
오후에 손님들을 많이 만나요.
5시 30분에 일이 끝나고 저녁을 먹어요.
6시 30분부터 한국어 수업을 들어요.
한국어 공부가 재미있어요.

하루　자다　이를 닦다　세수하다　일어나다　샤워하다　아침　회의　손님　끝나다

1 그림의 번호를 에릭 씨의 하루 생활 순서대로 쓰십시오.

(7) → (　　) → (　　) → (　　) → (　　) → (　　) → (　　) → (3)

2 문장을 읽고 맞으면 O, 틀리면 X 하십시오.

1) 에릭은 7시에 일어납니다. (　　)

2) 에릭은 아침을 먹고 샤워를 합니다. (　　)

3) 에릭은 점심을 먹고 회의를 합니다 (　　)

3 질문을 읽고 알맞은 대답을 쓰십시오.

1) 에릭 씨는 몇 시까지 회사에 갑니까?

_______________ 회사에 갑니다.

2) 언제 저녁을 먹습니까?

_______________ 저녁을 먹습니다.

III. 들어 봅시다

1 문장을 듣고 맞는 것을 고르십시오.

1) (　　)　2) (　　)　3) (　　)　4) (　　)

2 대화를 듣고 맞는 것의 번호를 쓰십시오.

1) (　　) → (　　)　2) (　　) → (　　)

3) (　　) → (　　)　4) (　　) → (　　)

[3-4] 대화를 듣고 질문에 답하십시오.

3 맞으면 O, 틀리면 X 하십시오.

1) 올리비아 씨는 수업이 끝나고 혼자 점심을 먹습니다. (　　)

2) 올리비아 씨는 점심을 먹고 대사관에 갑니다. (　　)

창문　걷다　묻다　보통　대사관

4 대화를 완성하십시오.

가: 올리비아 씨, 수업이 ______ 무엇을 해요?
나: 친구들과 같이 점심을 먹어요.
가: 점심을 먹고 무엇을 해요?
나: 점심을 먹고 ______

[5-6] 대화를 듣고 질문에 답하십시오.

5 대답을 쓰십시오.

1) 윤아 씨는 오후에 보통 뭘 해요? (　　　)
① 수업을 들어요.　② 영화를 봐요.
③ 아르바이트를 해요.　④ 공원에서 운동해요.

2) 두 사람은 영화를 보고 무엇을 해요?
영화를 보고 ______

6 대화를 완성하십시오.

가: 윤아 씨, 오후에 보통 뭘 해요?
나: 아르바이트를 해요.
가: 오늘도 아르바이트를 해요?
나: 아니요, ______
가: 그럼 오늘 같이 영화를 보고 저녁을 먹을까요?
나: 좋아요. 저녁을 먹고 ______

IV. 따라해 봅시다

- 회사 [회사/훼사]
- 회의[회의/훼이]
- 아침을 먹고 9시까지 회사에 가요.

V. 정리해 봅시다

1. 날마다 무엇을 해요?
2. 오늘은 무엇을 해요?

좀[1]

복습

MP3 / 29

1 대화를 듣고 대답하십시오.

1) 무엇에 대한 이야기입니까? (　　)

❶ 한국 식당
❷ 점심 식사
❸ 한국 음식
❹ 아르바이트

2) 들은 내용과 같은 것은 무엇입니까? (　　)

❶ 리타오 씨는 오후에 시간이 없습니다.
❷ 리타오 씨는 혼자 점심을 먹고 싶어 합니다.
❸ 리타오 씨는 오늘 아르바이트를 하지 않습니다.
❹ 리타오 씨는 내일 오후에 친구들과 같이 점심을 먹습니다.

3) 리타오 씨와 친구들은 무슨 음식을 얼마나 시킵니까? 쓰십시오.

❶ ________, ________
❷ ________, ________

2 다음을 읽고 질문에 대답하십시오.

10월 21일 수요일
저는 학교 근처에서 삽니다.
날마다 8시에 일어납니다.
9시까지 학교에 갑니다.
1시까지 수업을 듣고 혼자 점심을 먹습니다.
점심을 먹고 아르바이트를 합니다.
저는 수요일에 아르바이트를 하지 않습니다.
그래서 오늘은 반 친구들과 같이 점심을 먹습니다.

식사　내일　살다

1) **이 사람이 날마다 하는 일을 순서대로 쓰십시오.**

❶ 학교에 갑니다. ❷ 아르바이트를 합니다. ❸ 일어납니다.
❹ 수업을 듣습니다. ❺ 점심을 먹습니다.

(　　　　) → (　　　　) → (　　　　) → (　　　　) → (　　　　)

2) **이야기의 내용과 같은 것을 고르십시오. (　　)**

❶ 이 사람의 집은 학교에서 멉니다.
❷ 이 사람은 9시에 일어납니다.
❸ 이 사람은 오늘 친구들과 점심을 먹습니다.
❹ 이 사람은 금요일에 아르바이트를 하지 않습니다.

문화

상차림

한국 음식은 주로 밥과 국, 그리고 찌개, 반찬으로 이루어져 있습니다. 밥과 국은 각자 먹지만 찌개나 반찬은 여러 사람과 나누어 먹습니다. 식당에서 음식을 주문하면 '반찬'이 보통 3~4가지 나옵니다. 지방에 따라서 '반찬'이 10가지 이상 나오는 곳도 있습니다. '반찬'은 손님이 원하면 무료로 더 먹을 수 있습니다.

09과 주말

1. 주말

MP3 / 30

• 학습목표: 주말 활동 관련 내용을 이해할 수 있다.

Ⅰ. 준비해 봅시다

읽고 맞으면 O, 틀리면 X 하십시오.

1) 야구를 합니다.  (   )

2) 태권도를 합니다.  (   )

3) 탁구를 칩니다.  (   )

4) 스키를 탑니다.  (   )

Ⅱ. 들어 봅시다

1 문장을 듣고 관계가 있는 그림과 연결하십시오.

1) 2) 3) 4)

① 

② 

③ 

④ 

주말 야구 태권도 탁구를 치다 스키를 타다 축구 농구

2 문장을 듣고 관계가 있는 것에 ✔하십시오.

1) □ 축구 □ 영화

2) □ 수업 □ 날씨

3) □ 음식 □ 노래

4) □ 백화점 □ 도서관

[3-4] 대화를 듣고 질문에 답하십시오.

3 맞으면 O, 틀리면 X 하십시오.

1) 에릭 씨는 테니스를 치고 싶어 합니다. ( )

2) 에릭 씨는 테니스장에 갑니다. ( )

3) 그 테니스장은 싸고 좋습니다. ( )

4 대화를 완성하십시오.

가: 에릭 씨, 어디에 가요?

나: 테니스를 ________ 테니스장에 가요.

가: 그 테니스장이 어때요?

나: 조금 ________ 좋아요.

[5-6] 대화를 듣고 질문에 답하십시오.

5 질문에 답하십시오.

1) 타오 씨는 무엇을 하러 공원에 갑니까? ( )

❶ 야구 ❷ 축구 ❸ 탁구 ❹ 농구

2) 노라 씨는 주말에 어디에 갑니까? 그곳이 어떻습니까?

노라 씨는 ________에 갑니다.

그곳이 조금 ________

괜찮다 테니스를 치다 테니스장 싸다 그래서 제일 수영장 그곳

6 대화를 완성하십시오.

가: 타오 씨, 주말에 보통 뭘 해요?

나: 저는 운동을 좋아해요. 친구와 같이 ______

가: 타오 씨는 무슨 운동을 제일 좋아해요?

나: 저는 농구를 좋아해요. 그래서 ______
노라 씨는 주말에 무엇을 해요?

가: 저는 주말에 수영장에 가요. 수영장이 조금 작지만 깨끗해요.

III. 읽어 봅시다

저는 운동을 좋아합니다. 그래서 주말에 보통 운동을 합니다.
친구들과 같이 운동장에서 축구도 하고 농구도 합니다.
여름에는 서핑을 하러 바다에 갑니다. 서핑이 요즘 인기가 많습니다.
겨울에는 스키를 타러 스키장에 자주 갑니다.
스키장은 멀지만 경치가 아름답습니다.
이번 주말에는 친구들과 같이 야구장에 갑니다.
친구들과 야구도 구경하고 맥주도 마시고 싶습니다.

여름 서핑 겨울 요즘 인기가 많다 스키장 야구장 맥주 구경하다

1 문장을 읽고 관계가 있는 그림과 연결하십시오.

1) 친구들과 같이 운동장에서 축구도 합니다. • • ❶ 

2) 서핑을 하러 바다에 갑니다. • • ❷ 

3) 스키장이 멀지만 경치가 아름답습니다. • • ❸ 

2 문장을 읽고 맞으면 O, 틀리면 X 하십시오.

1) 저는 축구와 스키를 좋아합니다. (　　)
2) 스키장은 멀지만 경치가 좋습니다. (　　)
3) 이번 주말에는 친구들과 같이 스키장에 갑니다. (　　)

3 질문을 읽고 알맞은 대답을 쓰십시오.

1) 이 사람은 주말에 보통 무엇을 하러 운동장에 갑니까?
　　　　　와/과 　　　　　을/를 하러 운동장에 갑니다.
2) 이 사람은 여름하고 겨울에 무슨 운동을 합니까?
여름에 　　　　　을/를 하고 겨울에 　　　　　

Ⅳ. 따라해 봅시다

- 아름답습니다[아름답씀니다]
- 입습니다[입씀니다]
- 경치가 아름답습니다.

Ⅴ. 정리해 봅시다

1. 무슨 운동을 좋아합니까?
2. 그 운동이 어떻습니까?

09과 주말

2. 주말 계획

MP3 / 31

• 학습목표: 주말 계획 관련 내용을 이해할 수 있다.

Ⅰ. 준비해 봅시다

다음 문장을 읽고 맞으면 ○, 틀리면 X 하십시오.

1) 여행할 거예요.  (　　)

2) 쇼핑할 거예요.  (　　)

3) 빨래할 거예요.  (　　)

4) 데이트할 거예요.  (　　)

Ⅱ. 읽어 봅시다

존　: 이번 주말에 뭘 할 거예요?
하늘: 토요일에 친구들을 만나러 홍대 근처에 갈 거예요.
존　: 친구들하고 뭘 할 거예요?
하늘: 같이 점심을 먹고 노래방에 갈 거예요.
존 씨는 토요일에 뭘 할 거예요?
존　: 저는 오전에 아르바이트를 해요.
오후에는 여자 친구하고 남산한옥마을에 갈 거예요.
하늘: 남산한옥마을이 아주 아름다워요.
저도 다시 가고 싶어요.
존　: 다음에 우리 반 친구들하고 같이 갑시다.

계획　여행하다　쇼핑하다　빨래하다　데이트하다　다시

1 누가 하는 일입니까? 그림을 보고 순서대로 번호를 쓰십시오.

하늘 (③) → (   ) → (   ) 존 (   ) → (   )

2 문장을 읽고 맞으면 O, 틀리면 X 하십시오.

1) 하늘 씨는 홍대 근처에서 친구들을 만날 거예요. (   )
2) 홍대 근처는 아주 아름다워요. (   )
3) 존 씨와 하늘 씨는 다음에 같이 한옥마을에 갈 거예요. (   )

3 질문을 읽고 알맞은 대답을 쓰십시오.

1) 하늘 씨는 홍대 근처에서 뭘 할 거예요?
   친구들과 같이 ______________
2) 존 씨는 토요일 오후에 무엇을 할 거예요?
   ______________ 남산한옥마을에 갈 거예요.

홍대 남산한옥마을 다음

III. 들어 봅시다

1 문장을 듣고 관계가 있는 그림과 연결하십시오.

1) • 2) • 3) • 4) •

2 질문을 듣고 맞는 대답을 고르십시오.

1) • • ① 집에 갈 거예요.

2) • • ② 불고기를 만들 거예요.

3) • • ③ 고향 친구를 만날 거예요.

4) • • ④ 열두 시까지 공부할 거예요.

[3-4] 대화를 듣고 질문에 답하십시오.

3 맞으면 O, 틀리면 X 하십시오.

1) 흐엉 씨는 주말에 커피숍에서 공부하고 싶어 합니다. ( )

2) 흐엉 씨 집 근처에 커피숍이 있습니다. ( )

3) 흐엉 씨 집 근처 커피숍은 시끄럽습니다. ( )

4 대화를 완성하십시오.

가: 흐엉 씨, 주말에 뭘 할 거예요?

나: 주말에 커피숍에서 ________

가: 커피숍은 좀 시끄럽지 않아요?

나: 우리 집 근처 커피숍은 ________

[5-6] 대화를 듣고 질문에 답하십시오.

5 질문에 답하십시오.

1) 윤아 씨는 주말에 어디에 갈 거예요? (   )

❶ 인천　❷ 서울　❸ 춘천　❹ 부산

2) 인천은 어때요?

인천은 ______________________

6 대화를 완성하십시오.

가: 윤아 씨, 주말에 어디에 갈 거예요?

나: 저는 인천에 ______________________

가: 그래요? 인천은 어때요?

나: 아주 아름다워요. 인천에는 바다도 있어요.

가: 바다에도 갈 거예요?

나: 네, 바다에서 ______________________

Ⅳ. 따라해 봅시다

- 시끄럽지 [시끄럽찌]
- 좁지 [좁찌]
- 우리 집 근처 커피숍은 시끄럽지 않아요.

Ⅴ. 정리해 봅시다

1. 주말에 보통 무엇을 해요?
2. 이번 주말에 무엇을 할 거예요?

인천　춘천

10과 지난 일

1. 일기

MP3 / 32

• 학습목표: 과거에 한 일을 이해할 수 있다.

Ⅰ. 준비해 봅시다

맞으면 ○, 틀리면 X 하십시오.

9월						
일	월	화	수	목	금	토
						1
2	3	4	5	6	7	8
9	10	11	12	13	14 부산	15 부산
16	17	18 오늘	19 시험	20 시험	21	22
23	24	25	26	27	28	29
30						

1) 오늘은 화요일입니다. (　　　)

2) 내일 시험이 있습니다. (　　　)

3) 모레 시험이 끝납니다. (　　　)

4) 지난달에 부산에 갔습니다. (　　　)

Ⅱ. 읽어 봅시다

5월 11일 토요일

오늘은 조금 늦게 일어났습니다.

오후에 친구와 같이 서울 시내를 구경했습니다.

먼저 명동에 갔습니다.

명동은 가게도 많고 복잡했습니다.

명동을 구경하고 엔(N) 서울 타워에 갔습니다.

엔(N) 서울 타워는 명동에서 가까웠습니다.

그곳에서 서울 경치를 구경하고 사진을 찍었습니다.

그리고 돈가스를 먹으러 갔습니다. 돈가스는 크고 맛있었습니다.

인사동에도 가고 싶었지만 안 갔습니다. 조금 피곤했지만 재미있었습니다.

지난　일기　모레　지난달　늦게　시내　명동　가깝다　엔(N) 서울 타워
돈가스　인사동　피곤하다

1 맞는 것에 ✔하십시오.

1) 서울 시내를 구경했습니다.

❶ (　　　)　❷ (　　　)

2) 가게도 많고 복잡했습니다.

❶ (　　　)　❷ (　　　)

3) 엔(N) 서울 타워에 갔습니다.

❶ (　　　)　❷ (　　　)

4) 돈가스를 먹으러 갔습니다.

❶ (　　　)　❷ (　　　)

2 문장을 읽고 맞으면 ○, 틀리면 X 하십시오.

1) 돈가스를 먹으러 명동에 갔습니다. (　　　)
2) 명동을 구경하고 엔(N) 서울 타워에 갔습니다. (　　　)
3) 조금 피곤했습니다. (　　　)

3 질문을 읽고 알맞은 대답을 쓰십시오.

1) 명동이 어땠습니까?
   가게도 ______________________
2) 어디에 가고 싶었지만 안 갔습니까?
   ____

III. 들어 봅시다

1 듣고 맞는 것에 ✔하십시오.

1) 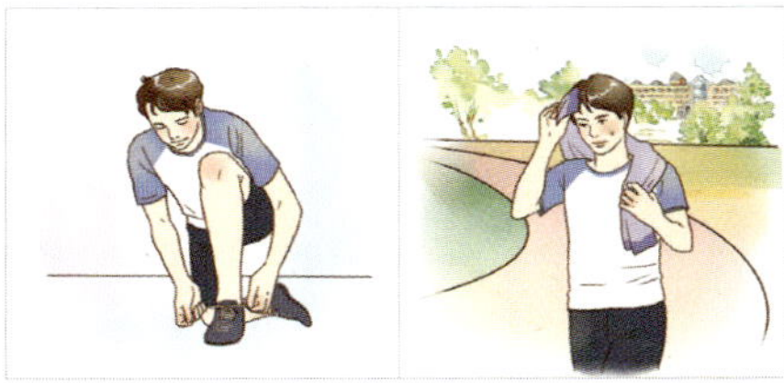

❶ (　　) ❷ (　　)

2) 

❶ (　　) ❷ (　　)

3) 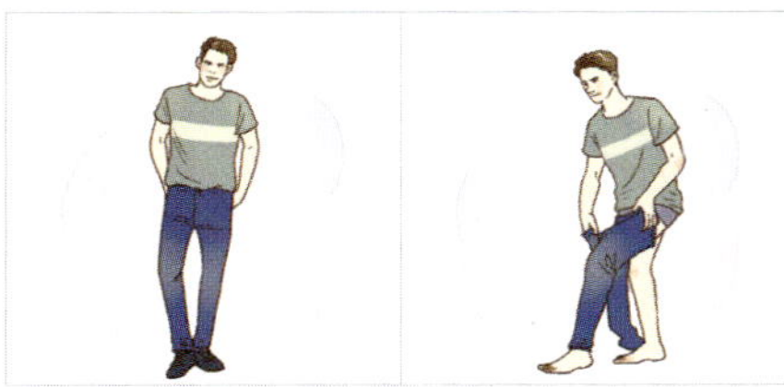

❶ (　　) ❷ (　　)

4) 

❶ (　　) ❷ (　　)

2 질문을 듣고 맞는 대답을 연결하십시오.

1) •	•	❶ 안 좋았어요.
2) •	•	❷ 재미없었어요.
3) •	•	❸ 안 매웠어요.
4) •	•	❹ 안 어려웠어요.

[3-4] 대화를 듣고 질문에 답하십시오.

3 맞으면 O, 틀리면 X 하십시오.

1) 하늘 씨는 지난 토요일에 식당에 갔어요. (　　)

2) 두 사람이 떡볶이를 만들었어요. (　　)

3) 에릭 씨는 떡볶이를 안 좋아했어요. (　　)

바지

4 알맞은 말을 쓰십시오.

가: 하늘 씨, 지난 토요일에 뭘 했어요?

나: 에릭 씨 집에서 같이 떡볶이를 만들었어요.

가: 맛이 ______________

나: 조금 매웠지만 ______________

에릭 씨가 좋아했어요.

[5-6] 대화를 듣고 질문에 답하십시오.

5 대답을 쓰십시오.

1) 주앙 씨는 지난 주말에 무엇을 **안** 했어요? (　　　)

❶ 여행　❷ 요리　❸ 수영　❹ 등산

2) 제주도에서 무엇을 먹었어요?

제주도에서 ______________

6 대화를 완성하십시오.

가: 주앙 씨, ______________

나: 제주도에 갔어요.

가: 제주도에서 뭘 했어요?

나: 수영도 하고 등산도 했어요. 생선회도 많이 먹었어요.

가: ______________

나: 아주 재미있었어요. 사람들도 친절했어요.

Ⅳ. 따라해 봅시다

• 늦게[늗께]　• 곶감[곧깜]

• 오늘은 조금 늦게 일어났습니다.

Ⅴ. 정리해 봅시다

1. 어제 뭘 했어요?　2. 지난 주말에 뭘 했어요?

10과 지난 일

2. 리타오의 하루

MP3 / 33

• 학습목표: 과거에 하지 못한 일을 이해할 수 있다.

Ⅰ. 준비해 봅시다

알맞은 것을 고르십시오.

1) 무엇을 예매해요?
   (영화표, 식당, 기차표, 호텔, 콘서트 표)
2) 무엇을 예약해요?
   (영화표, 식당, 기차표, 호텔, 콘서트 표)

Ⅱ. 들어 봅시다

1 문장을 듣고 맞는 것을 찾으십시오.

1) •   2) •   3) •   4) •

• • • •

❶ 

❷ 

❸ 

❹ 

2 대화를 듣고 관계 있는 것을 연결하십시오.

1) 바빠요.	•	•	❶ 영화를 보지 못했어요.
2) 숙제가 많아요.	•	•	❷ 책을 빌리지 못했어요.
3) 배가 아파요.	•	•	❸ 친구를 만나지 못했어요.
4) 시간이 없어요.	•	•	❹ 점심을 먹지 못했어요.

영화표 기차표 호텔 예매하다 예약하다 빌리다

[3-4] 대화를 듣고 질문에 답하십시오.

3 맞으면 ○, 틀리면 X 하십시오.

1) 에릭은 지난 금요일에 일이 많았어요. ( )
2) 에릭은 지난 토요일에 영화를 보지 못했어요. ( )
3) 에릭은 이번 금요일에 영화를 볼 거예요. ( )

4 대화를 완성하십시오.

가: 에릭 씨, 지난 토요일에 영화를 보러 갔어요?
나: 아니요, 지난 토요일에 영화를 ____________
가: 왜요? 무슨 일이 있었어요?
나: ____________ 회사에 갔어요.
영화는 이번 금요일에 보러 갈 거예요.

[5-6] 대화를 듣고 질문에 답하십시오.

5 질문에 답하십시오.

1) 에릭 씨는 왜 부산에 가지 못했습니까? ( )
① 일이 많았어요. ② 표를 잘못 샀어요.
③ 친구를 만나지 못했어요. ④ 표를 예매하지 않았어요.
2) 에릭 씨는 주말에 친구와 무엇을 했습니까?
친구와 ____________

6 대화를 완성하십시오.

가: 에릭 씨, 주말에 부산에 갔어요?
나: 아니요, 표를 잘못 사서 ____________
가: 토요일 표를 예매하지 않았어요?
나: 제가 토요일 표를 사지 않고 금요일 표를 샀어요.
가: ____________
나: 친구하고 남대문시장을 구경했어요.

왜 여행 잘못

오늘 아침에 늦게 일어났습니다.
그래서 아침을 먹지 못했습니다.
수업이 끝나고 반 친구와 식당에 갔습니다.
사람이 많아서 오래 기다렸습니다.
밥을 먹고 아르바이트를 하러 갔습니다.
오늘은 손님이 많아서 아주 바빴습니다.
너무 바빠서 화장실에도 가지 못했습니다. 8시에 집에 왔습니다.
너무 피곤해서 저녁도 먹고 싶지 않았습니다. 오늘은 정말 힘들었습니다.

1 문장을 읽고 관계가 있는 것과 연결하십시오.

1) 오늘 아침을 먹지 못했습니다. • • ❶ 

2) 식당에서 오래 기다렸습니다. • • ❷ 

3) 오늘 가게에 손님이 많았습니다. • • ❸ 

4) 오늘 정말 피곤했습니다. • • ❹ 

오래 정말 힘들다 너무

2 문장을 읽고 맞으면 O, 틀리면 X 하십시오.

1) 리타오는 식당에서 밥을 먹지 못했습니다. ( )
2) 리타오는 오늘 바빴습니다. ( )
3) 리타오는 오늘 저녁을 많이 먹고 싶었습니다. ( )

3 질문을 읽고 알맞은 대답을 쓰십시오.

1) 리타오는 왜 아침을 먹지 못했습니까?
______ 아침을 먹지 못했습니다.
2) 리타오는 왜 식당에서 오래 기다렸습니까?
______ 오래 기다렸습니다.

Ⅳ. 따라해 봅시다

- 못했어요[모태써요]
- 깨끗해요[깨끄태요]
- 바빠서 만나지 못했어요.

Ⅴ. 정리해 봅시다

1. 하고 싶었지만 무엇을 하지 못했습니까?
2. 왜 그 일을 하지 못했습니까?

MP3 / 34

1 다음을 읽고 질문에 답하십시오.

노라의 일기

7월 6일 목요일

흐엉 씨와 나는 한국 노래를 좋아해요.
우리는 다음 주말에 한국 가수의 콘서트를 보러 갈 거예요.
지난 주말에도 나는 한국 가수 콘서트에 갔어요.
(가) 예매를 안 해서 콘서트를 보지 못했어요.
(나) 우리는 오늘 콘서트 표를 예매했어요.
콘서트는 다음 주 토요일 저녁 7시에 코엑스에서 해요.
코엑스는 주말에 사람이 많지만 재미있어요.
근처에 한강공원도 있어요.
우리는 다음 주 토요일 12시에 코엑스에서 만날 거예요.
먼저 코엑스와 한강공원을 구경하고 콘서트를 보러 갈 거예요.

1) 이 글의 내용에 맞는 것을 고르십시오. (　　)

① ★안녕하세요, 소녀시대입니다★
소녀시대 콘서트
일시: 2017. 7. 8 토요일 7:00 PM
장소: 강남 코엑스

② ★안녕하세요, 소녀시대입니다★
소녀시대 콘서트
일시: 2017. 7. 15 토요일 7:00 PM
장소: 강남 코엑스

③ ★안녕하세요, 소녀시대입니다★
소녀시대 콘서트
일시: 2017. 7. 8 토요일 12:00 PM
장소: 한강공원

④ ★안녕하세요, 소녀시대입니다★
소녀시대 콘서트
일시: 2017. 7. 15 토요일 12:00 PM
장소: 한강공원

2) 빈 칸에 알맞은 것을 보기 에서 골라 쓰십시오.

보기

그래서　　그렇지만　　그리고

가 (　　　　)　　나 (　　　　)

콘서트 표　코엑스　먼저

3) **이 글의 내용과 같은 것을 고르십시오. ( )**

❶ 지난 주말에 콘서트를 보았습니다.
❷ 코엑스는 날마다 사람이 많습니다.
❸ 코엑스에서 한강공원이 가깝습니다.
❹ 이번 주말에 친구와 같이 콘서트에 갑니다.

2 대화를 듣고 대답하십시오.

1) **대화를 듣고 이어지는 여자의 대답으로 알맞은 것을 고르십시오. ( )**

❶ 좋아요. 내일 저녁에 만나요.
❷ 그럼 다음 주말에 표를 삽시다.
❸ 빨리 콘서트를 보고 싶어요.
❹ 그럼 먼저 표를 사고 콘서트를 보러 갈까요?

2) **두 사람은 무슨 이야기를 합니까? ( )**

❶ 예매　❷ 예약　❸ 구경　❹ 쇼핑

문화

등산

한국에는 산이 많습니다. 설악산, 한라산, 지리산 등이 유명합니다. 서울에도 북한산, 도봉산, 남산, 관악산 등 산이 많습니다. 그래서 주말이 되면 가까운 산에 등산을 하러 가는 사람들을 볼 수 있습니다. 등산은 한국인이 가장 좋아하는 취미 활동입니다. 특히 날씨가 좋은 봄이나 가을에 등산을 하는 사람이 많습니다.

11과 약속

1. 약속

MP3 / 35

• 학습목표: 약속 관련 내용을 이해할 수 있다.

I. 준비해 봅시다

읽고 맞으면 O, 틀리면 X 하십시오.

<오늘>			
9:00	-		회사
12:00	-	1:00	점심
2:00	-	3:00	회의
6:00	-		에릭과 영화
			신촌극장 앞
9:00	-		집

1) 오늘 약속이 있습니다. (　　)

2) 약속 시간이 5시입니다. (　　)

3) 약속 장소가 회사 앞입니다. (　　)

4) 에릭과 약속을 했습니다. (　　)

II. 들어 봅시다

1 문장을 듣고 관계가 있는 그림과 연결하십시오.

1) 　　2) 　　3) 　　4)

①

②

③

④

약속　약속 시간　약속 장소　약속을 하다　후

2 문장을 듣고 먼저 한 일에 ✔하십시오.

1) □ 빨래 □ 숙제

2) □ 수업 □ 아르바이트

3) □ 영화 □ 저녁

4) □ 식사 □ 요리

[3-4] 대화를 듣고 질문에 답하십시오.

3 맞으면 O, 틀리면 X 하십시오.

1) 흐엉 씨는 단어 시험이 있으니까 공부를 하고 싶어 해요. ( )
2) 흐엉 씨는 쇼핑을 하고 공부를 할 거예요. ( )
3) 흐엉 씨는 이번 일요일에 백화점에서 쇼핑을 할 거예요. ( )

4 대화를 완성하십시오.

가: 흐엉씨, 이번 일요일에 약속이 있어요?
나: 아니요, 없어요.
다음 주에 단어 시험이 ________ 오전에 공부를 할 거예요.
가: 그럼 ________ 백화점에서 같이 쇼핑을 할까요?
나: 좋아요. 노라 씨. 신촌 백화점 앞에서 두 시에 만납시다.

[5-6] 대화를 듣고 질문에 답하십시오.

5 질문에 답하십시오.

1) 에릭 씨는 이번 토요일 오전에 무엇을 할 거예요? ( )
① 숙제 ② 축구 ③ 예습 ④ 농구

2) 에릭 씨는 주말에 친구와 약속이 있어요. 약속 시간과 장소는 어디예요?
에릭 씨는 친구를 ________에 ________에서 만날 거예요.

빨래 단어 시험 그럽시다 예습

6 대화를 완성하십시오.

가: 에릭 씨, 이번 토요일에 약속이 있어요?
나: 아니요. 없어요.
______ 오전에 숙제를 할 거예요.
오후에는 시간이 있어요.
가: 그럼 숙제를 한 후에 같이 축구를 할까요.?
나: 좋아요.
______
가: 그럽시다. 그럼 몇 시에 어디에서 만날까요?
나: 한 시에 주앙 씨 집 근처 공원 앞에서 만납시다.

III. 읽어 봅시다

저는 날마다 오전에 한국어를 공부합니다.
수업이 끝난 후에 점심을 먹고 도서관에서 숙제를 합니다.
도서관이 조용하니까 숙제하러 자주 갑니다.
숙제를 한 후에 하숙집에 갑니다.
하숙집에서 저녁을 먹고 집 근처에서 산책을 합니다.
가끔 친구와 같이 탁구도 칩니다. 보통 주말에는 약속이 있습니다.
친구와 같이 영화도 보고 콘서트에도 갑니다.
이번 주말에는 친구와 영화를 본 후에 쇼핑을 하고 싶습니다.

하숙집

1 이 사람은 날마다 무엇을 합니까? 순서대로 쓰십시오.

❶ 한국어학당에서 한국어를 공부합니다. ❷ 점심을 먹습니다.
❸ 집 근처에서 산책을 합니다. ❹ 하숙집에서 저녁을 먹습니다.
❺ 도서관에서 숙제를 합니다.

(❶) → (　　) → (　　) → (　　) → (　　)

2 문장을 읽고 맞으면 O, 틀리면 X 하십시오.

1) 도서관이 조용하니까 자주 갑니다. (　　)
2) 저녁을 먹은 후에 가끔 친구와 탁구를 칩니다. (　　)
3) 날마다 영화도 보고 콘서트에도 갑니다. (　　)

3 질문을 읽고 알맞은 대답을 쓰십시오.

1) 이 사람은 왜 도서관에서 숙제를 합니까?
도서관이 ______________ 도서관에서 숙제를 합니다.
2) 이 사람은 이번 주말에 무엇을 하고 싶어 합니까?
이 사람은 친구와 같이 ______________ 싶어 합니다.

Ⅳ. 따라해 봅시다

- 수업이[수어비]
- 집에서[지베서]
- 수업이 끝난 후에 점심을 먹습니다.

Ⅴ. 정리해 봅시다

1. 주말에 친구와 약속이 있습니까?
2. 약속 시간은 언제입니까? 약속 장소는 어디입니까?

11과 약속

2. 주말 약속

MP3 / 36

• 학습목표: 주말 약속 관련 내용을 이해할 수 있다.

Ⅰ. 준비해 봅시다

듣고 알맞은 것을 연결하십시오.

1) 2) 3) 4)

① 영화관 ② 미술관 ③ 카페 ④ 놀이공원

Ⅱ. 읽어 봅시다

제시카 씨는 주말에 남자 친구를 만났습니다.
남자 친구가 놀이공원에 가고 싶어 해서 서울대공원에 놀러 갔습니다.
서울대공원은 아주 넓고 아름답습니다.
그리고 놀이공원과 미술관도 있습니다.
날씨가 추웠지만 서울대공원에 사람들이 많았습니다.
두 사람은 먼저 미술관에 갔습니다.
미술관에서 그림을 보고 산책을 했습니다.
그리고 점심을 먹은 후에 놀이공원에 갔습니다.
여러 가지 놀이기구를 탔습니다.
좀 무서웠지만 재미있었습니다.

영화관 미술관 카페 놀이공원 서울대공원 여러가지 놀이기구 무섭다

1 대공원에는 무엇이 있습니까? 모두 고르십시오. (　　,　　)

① 카페　　② 극장
③ 노래방　　④ 미술관
⑤ 피시방　　⑥ 놀이공원

2 문장을 읽고 맞으면 O, 틀리면 X 하십시오.

1) 남자 친구가 놀이공원에 가고 싶어 했습니다. (　　)
2) 주말에 날씨가 추웠습니다. (　　)
3) 이 사람들은 놀이기구를 탄 후에 미술관에 갔습니다. (　　)

3 질문을 읽고 알맞은 대답을 쓰십시오.

1) 이 사람들은 점심을 먹고 어디에 갔습니까?
______________에 갔습니다.
2) 이 사람들은 놀이공원에서 무엇을 했습니까?
놀이공원에서 ______________

III. 들어 봅시다

1 문장을 듣고 알맞은 것에 ✔하십시오.

1)		2)		3)		4)	
□	□	□	□	□	□	□	□
한 시	두 시	청소	여행	김치찌개	갈비탕	카페	공원
□	□	□	□	□	□	□	□
세 시	네 시	빨래	등산	된장찌개	삼계탕	도서관	영화관

2 대화를 듣고 맞는 것에 ✔하십시오.

1)

❶ (　　)　❷ (　　)

2)

❶ (　　)　❷ (　　)

3)

❶ (　　)　❷ (　　)

4)

❶ (　　)　❷ (　　)

[3-4] 대화를 듣고 질문에 답하십시오.

3 맞으면 O, 틀리면 X 하십시오.

1) 두 사람은 한글박물관에 가고 싶어 합니다. (　　)

2) 유키 씨는 주말에 바쁘지 않습니다. (　　)

3) 한글박물관은 오전에 사람이 많습니다. (　　)

4 대화를 완성하십시오.

가: 유키 씨, 용산에 한글박물관이 있는데 같이 갈까요?
나: 그래요? 주말에 ________ 이번 토요일에 갈까요?
가: 네, 좋아요. 오후에는 사람이 많으니까 오전에 갑시다.
나: 네, 그럼 ________ 만날까요?

[5-6] 대화를 듣고 질문에 답하십시오.

5 질문에 답하십시오.

1) 두 사람은 내일 어디에 갑니까? 모두 고르십시오. (,   )
   ① 종로 ② 남대문시장 ③ 동대문시장 ④ 명동
2) 두 사람은 결혼식이 끝난 후에 명동에서 무엇을 할 거예요?
   ________ 칼국수를 먹을 거예요.

6 대화를 완성하십시오.

가: 올리비아 씨, 내일 친구가 종로에서 ________
나: 좋아요, 윤아 씨. 저도 한국에서 결혼식을 보고 싶었어요.
가: 네, 그럼 결혼식이 끝난 후에 ________
나: 그래요. 저는 명동에서 쇼핑을 하고 싶어요.
가: 그럽시다. 쇼핑을 하고 저녁도 같이 먹을까요?
나: 네, 명동에서 칼국수를 먹읍시다.

Ⅳ. 따라해 봅시다

- 한글박물관 [한글방물관]
- 국민 [궁민]
- 용산에 한글박물관이 있습니다.

Ⅴ. 정리해 봅시다

1. 친구를 보통 어디에서 만납니까?
2. 그곳에서 무엇을 합니까?

한글박물관 -쯤 종로 결혼을 하다 결혼식 칼국수

12과 가족

1. 가족 이야기

MP3 / 37

• 학습목표: 가족 소개 관련 내용을 이해할 수 있다.

Ⅰ. 준비해 봅시다

듣고 알맞은 것을 연결하십시오.

1) 2) 3) 4)

①

②

③

④

Ⅱ. 읽어 봅시다

우리 가족은 모두 다섯 명입니다.
아버지와 어머니, 형, 여동생, 저입니다.
부모님께서 브라질에 계십니다.
아버지는 의사이시고 어머니는 선생님이십니다.
어머니는 영어를 가르치십니다.
형은 회사원이고 미국 뉴욕에서 일합니다.
여동생은 대학교에서 생물학을 공부합니다.
저는 작년에 가수가 되고 싶어서 한국에 왔습니다.
저는 지금 한국에서 한국말을 열심히 공부합니다.
노래와 춤도 배웁니다.

모두 동생 누나 할머니 계시다 아버지 명 형 여동생 부모님
뉴욕 생물학 작년 되다 열심히 노래 춤

1 문장을 읽고 관계가 있는 것과 연결하십시오.

1) 부모님은 브라질에 사십니다. • • ①

2) 아버지는 의사이십니다. • • ②

3) 형은 회사원입니다. • • ③

4) 여동생은 대학교에서 생물학을 공부합니다. • • ④

2 문장을 읽고 맞으면 O, 틀리면 X 하십시오.

1) 부모님께서 모두 일하십니다. (   )

2) 형이 영어를 가르칩니다. (   )

3) 형과 누나가 있습니다. (   )

3 질문을 읽고 알맞은 대답을 쓰십시오.

1) 가족이 몇 명입니까?

가족이 ____________________

2) 어머니께서 무엇을 하십니까?

어머니께서 ____________________

III. 들어 봅시다

1 문장을 듣고 맞는 것에 ✔하십시오.

1)

❶ (   ) ❷ (   )

2)

❶ (   ) ❷ (   )

3)

❶ (   ) ❷ (   )

4)

❶ (   ) ❷ (   )

2 대화를 듣고 알맞은 것을 연결하십시오.

1) • • ❶  • • 가 

2) • • ❷  • • 나 

3) • • ❸  • • 다 

4) • • ❹  • • 라 

할아버지 시장 신문 형제 남동생

[3-4] 대화를 듣고 질문에 답하십시오.

3 맞으면 O, 틀리면 X 하십시오.

1) 우진 씨는 형제가 있습니다. ( )
2) 우진 씨는 남동생이 있습니다. ( )
3) 우진 씨 동생은 의사입니다. ( )

4 대화를 완성하십시오.

가: 우진 씨, ________ 있습니까?
나: 네, ________ 있습니다.
가: 동생은 무엇을 합니까?
나: 제 동생은 고등학생입니다. 의사가 되고 싶어 합니다.

[5-6] 대화를 듣고 질문에 답하십시오.

5 질문에 답하십시오.

1) 흐엉 씨 아버지는 무엇을 하십니까? ( )
❶ 은행원 ❷ 회사원 ❸ 선생님 ❹ 의사
2) 흐엉 씨 부모님은 어디에 계십니까?
흐엉 씨 부모님은 ________

6 대화를 완성하십시오.

가: 흐엉 씨, ________
나: 베트남 하노이에 계십니다.
가: 흐엉 씨 부모님은 무엇을 하십니까?
나: 아버지는 은행에서 일하시고 어머니는 여행사에서 일하십니다.
가: 그럼 ________
나: 네, 여행사에서 일하셔서 가끔 오십니다.

Ⅳ. 따라해 봅시다

- 계십니다[계심니다/게심니다]
- 시계[시계/시게]
- 부모님께서 브라질에 계십니다.

Ⅴ. 정리해 봅시다

1. 가족이 몇 명입니까?
2. 부모님이 어디에 계십니까?

고등학생 하노이 여행사

12과

가족

2. 우리 할머니

MP3 / 38

• 학습목표: 가족의 취미 관련 내용을 이해할 수 있다.

Ⅰ. 준비해 봅시다

그림을 보고 맞으면 ○, 틀리면 X 하십시오.

1) 언니가 요리해요. (　　)

2) 언니가 노래를 불러요. (　　)

3) 언니가 사진을 찍어요. (　　)

Ⅱ. 읽어 봅시다

이분은 우리 할머니세요.
우리 할머니는 요리 선생님이세요.
잘 가르치셔서 인기가 많으세요.
한국 가수를 좋아하세요.
그래서 집에서 한국 노래를 많이 들으세요.
할머니는 한국 가수 콘서트에 가고 싶어 하세요.
그래서 제가 콘서트 표를 예매했어요.
다음 주에 할머니께서 한국에 오세요.
저는 할머니와 같이 콘서트를 보러 갈 거예요.
콘서트를 본 후에 한국 음식도 먹으러 갈 거예요.

노래를 부르다　사진을 찍다

1 문장을 읽고 관계가 있는 그림과 연결하십시오.

1) 우리 할머니는 요리를 가르치세요. • • ❶

2) 할머니는 한국 노래를 좋아하세요. • • ❷

3) 할머니는 한국에서 콘서트를 보실 거예요. • • ❸

4) 할머니와 한국 음식을 먹을 거예요. • • ❹

2 문장을 읽고 맞으면 O, 틀리면 X 하십시오.

1) 할머니는 한국 음악을 많이 들으십니다. (　　)
2) 할머니께서 콘서트 표를 예매하셨습니다. (　　)
3) 내일 할머니께서 한국에 오십니다. (　　)

3 질문을 읽고 알맞은 대답을 쓰십시오.

1) 할머니께서 왜 한국 노래를 많이 들으세요?

____

2) 한국에서 할머니와 무엇을 할 거예요?

콘서트를 보고 ________________

III. 들어 봅시다

1 문장을 듣고 맞는 것을 고르십시오.

1)

① (   ) ② (   )

2)

① (   ) ② (   )

3)

① (   ) ② (   )

4)

① (   ) ② (   )

2 질문을 듣고 맞는 대답을 고르십시오.

1) •   • ① 제주도에 사세요.
2) •   • ② 중국 음식을 좋아해요.
3) •   • ③ 저는 서울에 살아요.
4) •   • ④ 일본 음식을 좋아하세요.

[3-4] 대화를 듣고 질문에 답하십시오.

3 맞으면 O, 틀리면 X 하십시오.

1) 존 씨 어머니께서 한국에 계십니다. (   )
2) 존 씨 어머니께서 선생님이십니다. (   )
3) 존 씨 어머니께서는 노래를 좋아하십니다. (   )

4 대화를 완성하십시오.

가: 존 씨, 어머니께서 어디에 계세요?
나: 케냐에 계세요. ____________________
가: 어머니께서 무엇을 좋아하세요?
나: 그림을 좋아하세요. 그림을 ____________________

[5-6] 대화를 듣고 질문에 답하십시오.

5 질문에 답하십시오.

1) 에릭 씨 부모님은 무엇을 좋아하세요? (　　　)

① 영화　② 노래　③ 사진　④ 삼계탕

2) 에릭 씨는 부모님과 어디에 갈 거예요?

6 대화를 완성하십시오.

가: 우진 씨, 다음 주에 우리 부모님께서 한국에 오세요.
부모님하고 어디에 갈까요?

나: 에릭 씨 부모님께서 무엇을 좋아하세요?

가: 사진을 좋아하세요.

나: 그럼 창덕궁에 가세요. 창덕궁이 아름다워서 사람들이 사진을 찍으러 많이 가요.

가: 창덕궁을 구경하고 점심에 무엇을 먹을까요?

나:

Ⅳ. 따라해 봅시다

- 창덕궁[창덕꿍]
- 학교[학꾜]
- 그럼 창덕궁에 가세요.

Ⅴ. 정리해 봅시다

1. 부모님께서 무엇을 좋아하십니까?
2. 부모님께서 무엇을 자주 하십니까?

창덕궁

MP3 / 39

1 대화를 듣고 대답하십시오.

1) **무엇에 대한 이야기입니까? (　　)**

① 친구　② 시험　③ 약속　④ 등산

2) **대화의 내용과 같은 것을 고르십시오. (　　)**

① 윤아 씨 고향은 제주도입니다.
② 윤아 씨는 이번 주말에 바쁩니다.
③ 윤아 씨는 지금 제주도에 있습니다.
④ 윤아 씨는 집에 자주 가지 못합니다.

3) **언제 제주도에 갑니까? 쓰십시오.**

2 다음 글을 읽고 질문에 답하십시오.

우리 가족은 모두 4명입니다. 부모님은 제주도에 계시고 오빠하고 저는 서울에 있습니다. 아버지께서는 회사원이십니다. 사진 찍기를 좋아하셔서 산이나 바다에 자주 사진을 찍으러 가십니다. 어머니께서는 선생님이십니다. 책을 많이 읽으십니다. 오빠는 기자입니다. 오빠의 취미는 요리입니다. 저는 고등학생입니다. 그림을 좋아해서 자주 그림을 그립니다.

1) **무엇에 대한 이야기입니까? (　　)**

① 고향　② 가족　③ 직업　④ 생활

2) **이 글의 내용과 같은 것을 고르십시오. (　　)**

① 오빠는 요리를 좋아합니다.
② 저는 사진을 자주 찍습니다.
③ 어머니는 노래를 잘하십니다.
④ 아버지는 책을 많이 읽으십니다.

문화

존댓말과 반말

한국어에는 말하는 사람과 듣는 사람의 관계에 따라 존댓말과 반말이 있습니다. 처음 만나는 사람이나 나이가 많은 사람에게는 존댓말을 합니다. 아주 친한 친구나 나이가 어린 사람에게는 반말을 합니다. 회사에서 일할 때나 공식적인 자리에서는 '**-습니다/ㅂ니다**'라고 말합니다.

13과 쇼핑

1. 동대문시장

MP3 / 40

• 학습목표: 쇼핑 관련 내용을 이해할 수 있다.

Ⅰ. 준비해 봅시다

읽고 맞으면 O, 틀리면 X 하십시오.

1) 바지가 짧아요.  ( )

2) 가방이 무거워요.  ( )

3) 옷이 두껍습니다.  ( )

4) 구두가 비쌉니다.  ( )

Ⅱ. 들어 봅시다

1 문장을 듣고 관계가 있는 것을 연결하십시오.

1) • 2) • 3) • 4) •

1) ①  ② 

2) ①  ② 

3) ①  ₩80,000,000 ②  ₩25,000,000

4) ①  ② 

짧다 무겁다 두껍다 구두 얇다 차[2] 보다[2] 더

2 대화를 듣고 여자의 대답과 관계가 있는 것의 번호를 고르십시오.

1) (　　) ① 밥을 좋아해요. ② 빵을 좋아해요.

2) (　　) ① 언니가 더 커요. ② 동생이 더 커요.

3) (　　) ① 기숙사가 좋아요. ② 하숙집이 좋아요.

4) (　　) ① 축구가 더 재미있어요. ② 야구가 더 재미있어요.

[3-4] 대화를 듣고 질문에 답하십시오.

3 맞으면 O, 틀리면 X 하십시오.

1) 노라 씨는 바지를 사고 싶어 합니다. (　　)
2) 짧은 바지가 긴 치마보다 더 예쁩니다. (　　)
3) 긴 바지가 값이 더 쌉니다. (　　)

4 대화를 완성하십시오.

가: 노라 씨, 무슨 옷을 사고 싶어요?
나: 저는 바지를 사고 싶어요. 이 긴 바지가 어때요?
가: ______________ 짧은 바지가 더 예뻐요. 값도 더 싸요.
나: 그럼 이 ______________을/를 살까요?
여기요, 이 바지가 얼마예요?

여기요　얼마　코트

[5-6] 대화를 듣고 질문에 답하십시오.

5 질문에 답하십시오.

1) 코엑스에 무엇이 있습니까? (　　　)

① 백화점　　② 옷 가게　　③ 서점　　④ 영화관

2) 두 사람은 오늘 오후에 무엇을 하러 코엑스에 갑니까?

두 사람은 ＿＿＿＿＿＿＿＿ 코엑스에 갑니다.

6 대화를 완성하십시오.

가: 노라 씨, 오늘 오후에 같이 쇼핑하러 갈까요?

나: 좋아요. 어디에 갈까요?

가: 코엑스는 어때요? 코엑스에 ＿＿＿＿＿＿＿＿
백화점보다 값도 싸요.

나: 그래요? 윤아 씨는 코엑스에서 무엇을 사고 싶어요?

가: 저는 ＿＿＿＿＿＿＿＿을/를 사고 싶어요.
노라 씨는 무엇을 사고 싶어요?

나: 저는 가방을 사고 싶어요.

III. 읽어 봅시다

저는 동대문 근처에서 삽니다.
그래서 집에서 가까운 동대문시장에 자주 갑니다.
동대문시장에 예쁘고 좋은 물건이 많습니다.
다른 시장보다 값도 비싸지 않습니다.
가게 아주머니들도 친절하십니다.
그래서 언제나 사람이 많습니다.
지난주에 저는 아내와 같이 동대문시장에 갔습니다.
저는 하얀색 와이셔츠를 샀습니다.
제 아내는 운동화를 샀습니다.
운동화가 값이 싸고 아주 예뻤습니다.

동대문시장　다르다　아주머니　언제나　아내　하얀색　와이셔츠　운동화

1 문장을 읽고 관계가 있는 문장을 연결하십시오.

1) 저는 동대문 근처에서 삽니다.	• •	① 제 아내는 예쁜 운동화를 샀습니다.
2) 운동화가 값이 싸고 아주 예뻤습니다.	• •	② 집에서 가까운 동대문에 자주 갑니다.
3) 동대문시장은 다른 시장보다 값이 비싸지 않습니다.	• •	③ 동대문시장은 언제나 사람이 많습니다.

2 맞으면 O, 틀리면 X 하십시오.

1) 이 사람은 동대문시장을 좋아합니다. ( )
2) 동대문시장에 있는 가게 아주머니들이 친절하십니다. ( )
3) 이 사람의 아내는 이번 주에 운동화를 샀습니다. ( )

3 질문을 읽고 알맞은 대답을 쓰십시오.

1) 동대문시장은 물건이 어떻습니까?
물건이 ______________________
값도 ______________________
2) 이 사람 아내는 왜 동대문시장에서 운동화를 샀습니까?
운동화가 ______________________ 샀습니다.

Ⅳ. 따라해 봅시다

- 짧아요 [짤바요]
- 얇아요[얄바요]
- 바지가 짧아요.

Ⅴ. 정리해 봅시다

1. 어디에서 자주 쇼핑합니까?
2. 그곳의 물건이 어떻습니까?

13과 쇼핑

2. 쇼핑

MP3 / 41

• 학습목표: 쇼핑 장소와 단위 명사 관련 내용을 이해할 수 있다.

I. 준비해 봅시다

읽고 맞으면 ○, 틀리면 X 하십시오.

1)  책이 세 권 있습니다. (　　)

2)  바지가 한 벌 있습니다. (　　)

3) 

콘서트 표가 다섯 장 있습니다. (　　)

4) 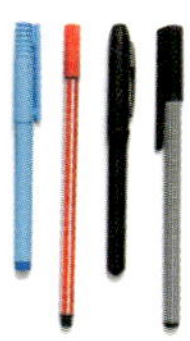 볼펜이 세 자루 있습니다. (　　)

5)  구두가 두 켤레 있습니다. (　　)

권　벌　장　자루　켤레

Ⅱ. 읽어 봅시다

어제 친구와 같이 명동에 쇼핑을 하러 갔습니다.
명동에 옷 가게가 많았습니다.
친구는 티셔츠와 바지를 샀습니다.
옷값은 두 벌에 75,000원이었습니다.
저는 신발 가게에서 구두를 샀습니다.
구두는 한 켤레에 90,000원이었습니다.
쇼핑을 한 후에 우리는 광화문에 있는 서점에 갔습니다.
저는 서점에서 책을 한 권 샀습니다.
친구는 서점 옆에 있는 가게에서 좋아하는 한국 가수의 시디를 한 장 샀습니다.
피곤했지만 재미있는 하루였습니다.

1 친구는 무엇을 샀습니까? 그림을 보고 번호를 고르십시오. (　　)

1)　　2)　　3)　　4)

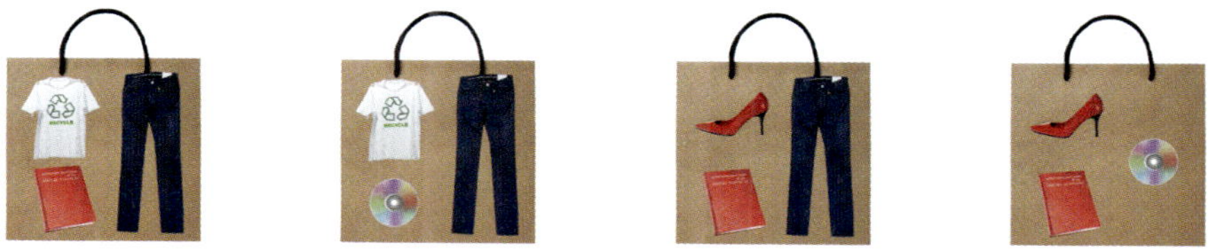

2 문장을 읽고 맞으면 O, 틀리면 X 하십시오.

1) 명동에 신발 가게가 많았습니다. (　　)
2) 서점에서 물건을 산 후에 명동에 갔습니다. (　　)
3) 저는 구두와 책을 샀습니다. (　　)

3 질문을 읽고 알맞은 대답을 쓰십시오.

1) 친구가 산 옷값은 모두 얼마입니까? (　　)
❶ 칠만 오천 원　❷ 칠만 육천 원　❸ 팔만 오천 원　❹ 팔만 육천 원
2) 어제는 어땠습니까?
어제는 ________________

만　신발　광화문　시디(CD)

Ⅲ. 들어 봅시다

1 듣고 알맞은 것에 ✔하십시오.

1) 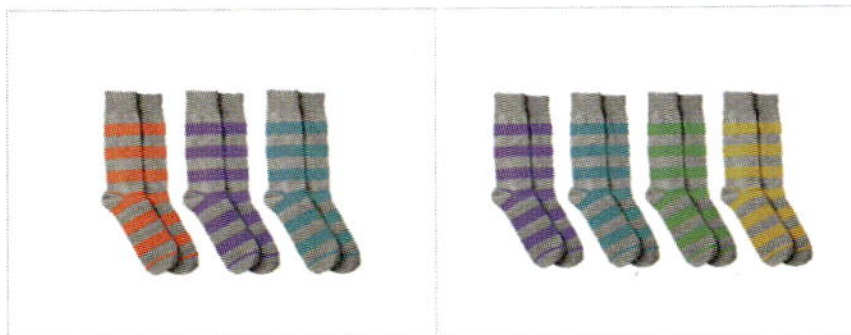

❶ ( ) ❷ ( )

2) 

❶ ( ) ❷ ( )

3) 

❶ ( ) ❷ ( )

4) 

❶ ( ) ❷ ( )

2 듣고 알맞은 것에 ✔하십시오.

1) 

❶ ( ) ❷ ( )

2) 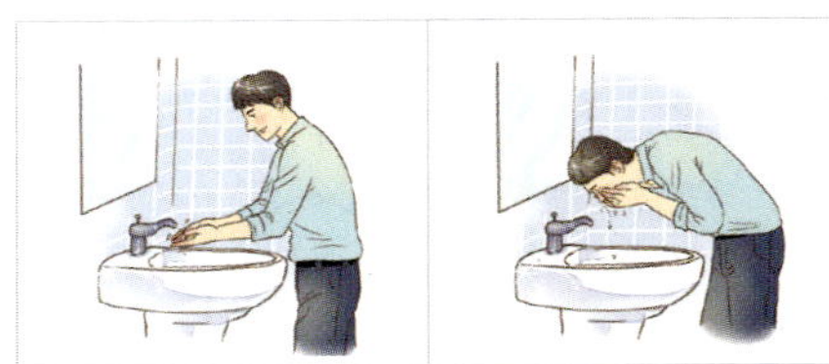

❶ ( ) ❷ ( )

3) 

❶ ( ) ❷ ( )

4) 

❶ ( ) ❷ ( )

[3-4] 대화를 듣고 질문에 답하십시오.

3 맞으면 ○, 틀리면 X 하십시오.

1) 이 사람은 신촌에 자주 쇼핑하러 갑니다. ( )

2) 이 사람은 홍대 앞에서 양말을 샀습니다. ( )

3) 양말은 네 켤레에 만 원입니다. ( )

양말

4 대화를 완성하십시오.

가: 쇼핑하러 자주 ____________ 어디예요?
나: 저는 홍대 앞에 자주 가요.
가: 저도 이 양말을 홍대 앞에서 샀어요. ________ 만 원이에요.
나: 양말이 아주 예뻐요.

[5-6] 대화를 듣고 질문에 답하십시오.

5 질문에 답하십시오.

1) 여기는 어디입니까? (   )
❶ 양말 가게 ❷ 신발 가게 ❸ 가방 가게 ❹ 한복 가게
2) 한복을 빌리는 값은 한 시간에 얼마입니까?
____

6 대화를 완성하십시오.

가: 한복을 빌리고 싶어요.
나: 여기 예쁜 한복이 많이 있어요. 구경하세요.
가: ____________
나: 한 시간에 만 원이에요. 세 시간에는 이만 오천 원이에요.
가: ____________ 어떤 거예요?
나: 여자들은 이 노란색 한복을 많이 입어요.

Ⅳ. 따라해 봅시다

- 재미있는 [재미인는]
- 있는 [인는]
- 피곤했지만 재미있는 하루였습니다.

Ⅴ. 정리해 봅시다

1. 자주 쇼핑을 하는 물건이 무엇입니까?
2. 그 물건값은 보통 얼마입니까?

한복

14과 생일

1. 생일 선물

MP3 / 42

• 학습목표: 생일 선물을 준비하는 내용을 이해할 수 있다.

Ⅰ. 준비해 봅시다

듣고 알맞은 것을 연결하십시오.

1) 2) 3) 4)

Ⅱ. 읽어 봅시다

어제는 제 남자 친구의 생일이었습니다.
남자 친구에게 줄 선물을 사러 백화점에 갔습니다.
저는 남자 물건을 파는 백화점 3층을 구경했습니다.
좋은 남자 옷이 많았지만 조금 비쌌습니다.
제 남자 친구는 회사원이어서 날마다 넥타이를 합니다.
그래서 넥타이를 샀습니다.
그리고 백화점 지하에 있는 빵집에 갔습니다.
거기에서 예쁜 케이크도 샀습니다.
저녁에 남자 친구에게 선물을 주었습니다.
남자 친구가 아주 좋아했습니다.

생일　선물　소설책　상품권　액세서리　팔다　넥타이

1 이 사람은 어제 무엇을 했습니까? 순서대로 쓰십시오.

❶ 백화점 3층을 구경했습니다.
❷ 케이크를 샀습니다.
❸ 백화점에 있는 빵집에 갔습니다.
❹ 넥타이를 샀습니다.
❺ 선물을 사러 백화점에 갔습니다

(❺) → (   ) → (   ) → (   ) → (   )

2 문장을 읽고 맞으면 O, 틀리면 X 하십시오.

1) 백화점 3층에는 남자 물건이 있었습니다. (   )
2) 비싸지만 좋은 남자 옷을 샀습니다. (   )
3) 남자 친구는 회사에서 일합니다. (   )

3 질문을 읽고 알맞은 대답을 쓰십시오.

1) 이 사람은 누구에게 줄 선물을 샀습니까?
이 사람은 ______________________
2) 이 사람은 선물을 사러 어디에 갔습니까?
이 사람은 ______________________

III. 들어 봅시다

1 문장을 듣고 맞는 것에 ✔하십시오.

1) 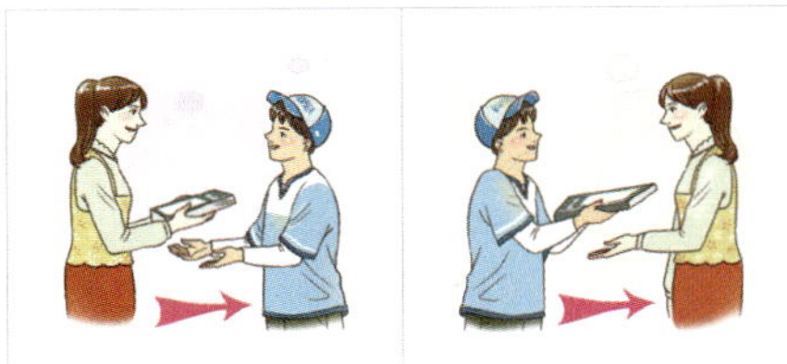

❶ (　　) ❷ (　　)

2) 

❶ (　　) ❷ (　　)

3) 

❶ (　　) ❷ (　　)

4) 

❶ (　　) ❷ (　　)

2 대화를 듣고 맞으면 ○, 틀리면 X 하십시오.

1) (　　)

2) (　　)

3) (　　)

4) (　　)

[3-4] 대화를 듣고 질문에 답하십시오.

3 맞으면 ○, 틀리면 X 하십시오.

1) 두 사람은 같이 선물을 준비했어요. (　　)
2) 두 사람은 액세서리를 살 거예요. (　　)
3) 윤아 씨에게 선물을 줄 거예요. (　　)

준비하다

4 대화를 완성하십시오.

가: ________ 줄 선물을 준비했어요?
나: 아니요, 준비하지 못했어요. 같이 살까요?
가: 좋아요. 무엇을 살까요?
나: 여자들이 좋아하는 ________ 삽시다.

[5-6] 대화를 듣고 질문에 답하십시오.

5 질문에 답하십시오.

1) 리타오 씨는 무엇을 살 거예요? (　　　)
   ① 액세서리　② 화장품　③ 인형　④ 옷
2) 리타오 씨는 누구에게 선물할 거예요?
   리타오 씨는 ________

6 대화를 완성하십시오.

가: 리타오 씨, 오늘 뭘 할 거예요?
나: ________ 명동에 갈 거예요.
가: 무엇을 살 거예요?
나: 화장품을 살 거예요. ________
가: 저도 옷을 사러 명동에 갈 거예요. 같이 갈까요?
나: 좋아요. 노라 씨, 저는 여자 화장품을 잘 모르니까 도와주세요.

Ⅳ. 따라해 봅시다

- 백화점에[배콰저메]
- 서점에[서저메]
- 남자 친구에게 줄 선물을 사러 백화점에 갔습니다.

Ⅴ. 정리해 봅시다

1. 생일에 무슨 선물을 받고 싶어요?
2. 가족에게 무엇을 선물할 거예요?

화장품

14과 생일

2. 생일 파티

MP3 / 43

• 학습목표: 생일 파티를 준비하는 내용을 이해할 수 있다.

Ⅰ. 준비해 봅시다

듣고 맞으면 O, 틀리면 X 하십시오.

1) (　　)

2) (　　)

3) (　　)

4) (　　)

Ⅱ. 읽어 봅시다

5월 29일
오늘은 존 씨 생일이었습니다.
저와 친구들은 오후에 선물을 고르고 카드를 썼습니다.
존 씨가 좋아하는 치즈 케이크도 샀습니다.
저녁에 식당에서 생일파티를 했습니다.
생일 파티에 우리 반 친구들이 모두 왔습니다.
우리는 연습한 생일 축하 노래를 불렀습니다.
존 씨에게 선물과 우리가 쓴 카드를 줬습니다.
존 씨는 우리가 고른 선물을 좋아했습니다.
우리는 케이크를 먹고 재미있는 이야기도 많이 했습니다.

케이크　자르다　고르다　카드를 쓰다　치즈　생일 축하 노래　생일 파티
연습하다

1 우리는 오늘 무엇을 했습니까? 순서대로 쓰십시오.

❶ 치즈 케이크를 샀습니다.
❷ 카드를 썼습니다.
❸ 케이크를 먹고 이야기를 했습니다.
❹ 선물을 골랐습니다.
❺ 생일 축하 노래를 불렀습니다.
❻ 선물과 카드를 줬습니다.

(❹) → (   ) → (   ) → (   ) → (   ) → (   )

2 문장을 읽고 맞으면 O, 틀리면 X 하십시오.

1) 존 씨의 생일은 어제였습니다. (   )
2) 우리는 생일 축하 노래를 불렀습니다. (   )
3) 파티에 반 친구들이 모두 왔습니다. (   )

3 질문을 읽고 알맞은 대답을 쓰십시오.

1) 우리는 왜 치즈 케이크를 샀습니까?
존 씨가 ______________________
2) 존 씨는 무엇을 좋아했습니까?
존 씨는 ______________________

III. 들어 봅시다

1 문장을 듣고 맞는 번호를 쓰십시오.

1) 마이클: ________　2) 웨이: ________　3) 리에: ________　4) 제인: ________

2 대화를 듣고 맞는 것을 고르십시오.

1)

❶ (　　)　❷ (　　)

2)

❶ (　　)　❷ (　　)

3)

❶ (　　)　❷ (　　)

4)

❶ (　　)　❷ (　　)

[3-4] 대화를 듣고 질문에 답하십시오.

3 맞으면 O, 틀리면 X 하십시오.

1) 친구들이 생일 선물을 준비했습니다. (   )
2) 노라 씨가 고른 가방을 선물했습니다. (   )
3) 가방이 무겁지만 예쁩니다. (   )

4 대화를 완성하십시오.

가: 존 씨, 우리가 ________ 생일 선물이에요.
나: 고마워요. 누가 고른 가방이에요?
가: 노라 씨가 ________
나: 가방이 가볍고 좋아요.

[5-6] 대화를 듣고 질문에 답하십시오.

5 질문에 답하십시오.

1) 어제는 누구의 생일이었습니까? (   )
❶ 존 ❷ 유키 ❸ 윤아 ❹ 리타오
2) 리타오 씨에게 준 선물은 누가 골랐습니까?
____

6 대화를 완성하십시오.

가: 어제 리타오 씨 생일 파티가 정말 재미있었어요.
나: 우리가 파티 준비를 많이 했어요.
가: 어제 먹은 케이크가 아주 맛있었어요. 어디에서 샀어요?
나: ________ 빵집에서 샀어요.
가: 아, 그래요? 어제 리타오 씨에게 ________
나: 유키 씨가 골랐어요.

Ⅳ. 따라해 봅시다

- 축하[추카]
- 국화[구콰]
- 생일 축하 노래를 불렀습니다.

Ⅴ. 정리해 봅시다

1. 생일 파티에서는 무엇을 합니까?
2. 친구 생일에 무엇을 했습니까?

복습

MP3 / 44

1 다음을 읽고 질문에 답하십시오.

어제는 여자 친구 생일이었습니다.
(가) 여자 친구에게 줄 선물을 사러 갔습니다.
먼저 학교 근처에 있는 꽃집에 갔습니다.
꽃집에는 예쁜 꽃이 많았습니다.
저는 빨간색 장미꽃을 골랐습니다.
장미꽃은 한 송이에 이천 원이었습니다. 스무 송이를 샀습니다.
(나) 빵집에 갔습니다.
여자 친구가 좋아하는 딸기 케이크를 샀습니다.
꽃과 케이크를 산 후에 여자 친구를 만나러 갔습니다.
준비한 꽃과 케이크를 여자 친구에게 주었습니다.
여자 친구가 좋아해서 저도 기분이 아주 좋았습니다.

1) 무엇을 했습니까? 순서대로 쓰십시오.

① 꽃을 샀습니다. ② 여자 친구를 만났습니다.
③ 케이크를 샀습니다. ④ 준비한 것을 여자 친구에게 주었습니다.

(　　　　) → (　　　　) → (　　　　) → (　　　　)

2) 이 글의 내용과 다른 것을 고르십시오. (　　)

① 학교에서 가까운 곳에 꽃집이 있습니다.
② 꽃집에는 꽃이 많았습니다.
③ 빨간색 장미꽃을 골랐습니다.
④ 어제 여자 친구와 케이크를 먹었습니다.

3) 빈 칸에 알맞은 것을 보기 에서 골라 쓰십시오.

보기

그리고　　그래서　　그렇지만

가 (　　)　　나 (　　)

빨간색　노란색　딸기　기분

2 대화를 듣고 대답하십시오.

1) 두 사람은 지금 어디에서 이야기합니까? (　　)

① 학교　② 꽃집　③ 빵 가게　④ 백화점

2) 대화의 내용과 같은 것을 고르십시오. (　　)

① 남자는 빨간색 장미꽃을 좋아해요.
② 노란색 장미꽃이 빨간색보다 예뻐요.
③ 남자는 여자 친구에게 꽃을 줄 거예요.
④ 여자 친구는 노란색 장미꽃을 아주 좋아해요.

문화

화폐

*사진 및 출처: 한국은행

한국의 화폐 단위는 원(won, ₩)입니다. 한국의 화폐에는 4종의 지폐와 6종의 동전이 있습니다. 지폐는 일천원권, 오천원권, 일만원권, 오만원권이 있습니다. 동전은 1원, 5원, 10원, 50원, 100원, 500원짜리가 있습니다. 한국은행 화폐박물관에 가면 옛날부터 지금까지 사용한 여러 가지 한국의 화폐를 볼 수 있어서 재미있습니다.

15과 전화

1. 전화번호

MP3 / 45

• 학습목표: 전화번호 관련 내용을 이해할 수 있다.

Ⅰ. 준비해 봅시다

듣고 알맞은 것을 연결하십시오.

1) 2) 3) 4)

❶ 휴대전화 ❷ 국가 번호 ❸ 전화번호 ❹ 지역 번호

Ⅱ. 읽어 봅시다

올리비아 씨는 대사관에서 일합니다.
내일은 일이 많아서 학교에 가지 못합니다.
올리비아 씨는 선생님께 전화를 하고
싶지만 선생님 전화번호를 모릅니다.
그래서 에릭 씨에게 전화합니다.

올리비아: 여보세요, 에릭 씨예요? 저는 올리비아예요.
에 릭: 안녕하세요? 올리비아 씨, 무슨 일이에요?
올리비아: 에릭 씨, 김 선생님 전화번호를 알지요?
김 선생님 전화번호 좀 가르쳐 주세요.
에 릭: 네, 잠깐만요. 010-2123-6587이에요.
올리비아: 고마워요, 에릭 씨.

국가 번호 전화번호 지역 번호 전화를 하다 여보세요 알다 잠깐만요

1 이야기의 순서대로 문장의 번호를 쓰십시오.

❶ 올리비아 씨는 내일 학교에 가지 못합니다.

❷ 에릭 씨가 김 선생님 전화번호를 가르쳐 줍니다.

❸ 에릭 씨에게 김 선생님 전화번호를 묻습니다.

❹ 김 선생님께 전화하고 싶지만 전화번호를 모릅니다.

❺ 학교에 가지 못하니까 김 선생님께 말하고 싶습니다.

❻ 올리비아 씨는 김 선생님께 전화합니다.

(❶) → (   ) → (   ) → (   ) → (   ) → (❻)

2 맞으면 O, 틀리면 X 하십시오.

1) 올리비아 씨는 회사원입니다. (   )
2) 올리비아 씨는 선생님께 전화하고 싶어 합니다. (   )
3) 에릭 씨는 김 선생님 전화번호를 압니다. (   )

3 질문을 읽고 알맞은 대답을 쓰십시오.

1) 올리비아 씨는 내일 왜 학교에 가지 못합니까?
올리비아 씨는 ________________ 내일 학교에 가지 못합니다.

2) 올리비아 씨는 왜 에릭 씨에게 전화를 합니까?
올리비아 씨는 ________________ 에릭 씨에게 전화를 합니다.

III. 들어 봅시다

1 문장을 듣고 관계가 있는 것과 연결하십시오.

1)

❶ (   ) ❷ (   )

2)

❶ (   ) ❷ (   )

3)

❶ (   ) ❷ (   )

4)

❶ (   ) ❷ (   )

2 대화를 듣고 관계가 있는 것에 ✔하십시오.

1) ☐ 옷 ☐ 날씨

2) ☐ 김치찌개 ☐ 삼계탕

3) ☐ 영화 ☐ 시험

4) ☐ 도서관 ☐ 학생회관

[3-4] 대화를 듣고 질문에 답하십시오.

3 맞으면 O, 틀리면 X 하십시오.

1) 하늘 씨는 휴대전화가 없어요. (   )
2) 주앙 씨는 오늘 휴대전화를 사러 갈 거예요. (   )
3) 주앙 씨는 하늘 씨에게 내일 전화번호를 말해 줄 거예요. (   )

4 대화를 완성하십시오.

가: 하늘 씨, 전화번호가 몇 번이에요?
나: 제 전화번호는 ________ - ________ - ________이에요/예요.
주앙 씨도 휴대전화가 있지요? 전화번호가 몇 번이에요?
가: 저는 지금 휴대전화가 없어요.
오늘 수업이 끝난 후에 사러 갈 거예요.
나: 그럼 내일 ________________________

[5-6] 대화를 듣고 질문에 답하십시오.

5 질문에 답하십시오.

1) 유키 씨의 전화번호는 몇 번입니까? (   )

① 010-5019-0727 ② 010-5029-0717

③ 010-6019-0727 ④ 010-6029-0717

2) 유키 씨는 휴대전화를 산 후에 무엇을 하고 싶어 합니까?

유키 씨는 ____________________

6 대화를 완성하십시오.

가: 존 씨, 이것이 제가 어제 산 휴대전화예요.

나: 아, 그래요? 좀 ____________________

전화번호가 몇 번이에요?

가: 제 번호는 ______-______-______이에요/예요. 제 전화가 예쁘지요?

나: 네, 아주 예뻐요. 휴대전화가 있으니까 무엇을 하고 싶어요?

가: 사진을 많이 찍고 싶어요.

존 씨도 휴대전화가 있지요? 존 씨는 무엇을 많이 해요?

나: 저는 게임을 자주 해요.

IV. 따라해 봅시다

- 많아서 [마나서]
- 않아서[아나서]
- 내일은 일이 많아서 학교에 가지 못합니다.

V. 정리해 봅시다

1. 전화번호가 몇 번입니까?
2. 누구에게 전화를 자주 합니까?

보여 주다 이제

15과 전화

2. 전화

MP3 / 46

• 학습목표: 전화 관련 내용을 이해할 수 있다.

Ⅰ. 준비해 봅시다

듣고 알맞은 것을 연결하십시오.

1) 2) 3) 4)

Ⅱ. 읽어 봅시다

오후에 제인 씨에게서 전화가 왔습니다.
에릭 씨는 회의 중이어서 전화를 받지 못했습니다.
회의가 끝나고 제인 씨에게 전화를 걸었습니다.
제인 씨가 전화를 받았습니다.

에릭: 제인 씨, 무슨 일이 있어요?
제인: 네, 제가 주말에 일이 있어요. 약속 시간을 바꿀 수 있어요?
에릭: 그래요? 그럼 언제가 좋아요?
제인: 다음 주 금요일 오후 7시는 어때요?
에릭: 네, 좋아요.
제인: 약속 시간을 바꿔 줘서 고마워요.
에릭: 그럼 우리 다음 주 금요일 오후 7시에 만나요.

전화가 오다　회의 중　전화를 받다　전화를 걸다　바꾸다

1 위 글과 관계있는 것을 고르십시오. (　　)

① 약속 장소를 바꾸고 싶어요. 시간 있으면 전화해 주세요.

② 수업 중이에요. 전화를 받을 수 없어요. 다시 전화해 주세요.

③ 다른 약속이 있어서 금요일 7시에 만날 수 없어요. 미안해요.

④ 제가 일이 있어요. 다음 주 금요일 오후 7시로 약속 시간을 바꿔 주세요.

2 맞으면 ○, 틀리면 X 하십시오.

1) 제인 씨는 에릭 씨의 전화를 받았습니다. (　　)

2) 에릭 씨는 회의 중에 전화를 걸었습니다. (　　)

3) 두 사람은 토요일에 만납니다. (　　)

3 질문을 읽고 알맞은 대답을 쓰십시오.

1) 제인 씨는 왜 약속 시간을 바꾸고 싶어 합니까?

______________ 약속 시간을 바꾸고 싶어 합니다.

2) 두 사람은 몇 시에 만납니까?

다음 주 금요일 ______________에 만납니다.

Ⅲ. 들어 봅시다

1 문장을 듣고 관계가 있는 것과 연결하십시오.

1) •　　2) •　　3) •　　4) •

① 

② 

③ 

④ 

2 문장을 듣고 맞는 것에 ✔하십시오.

1) 

① (　　) ② (　　)

2) 

① (　　) ② (　　)

3) 

① (　　) ② (　　)

4) 

① (　　) ② (　　)

[3-4] 대화를 듣고 질문에 답하십시오.

3 맞으면 O, 틀리면 X 하십시오.

1) 윤아 씨가 주앙 씨에게 전화를 걸었습니다. (　　)
2) 주앙 씨는 선생님에게서 연락을 받았습니다. (　　)
3) 선생님이 일이 있어서 등산을 가지 못합니다. (　　)

4 대화를 완성하십시오.

가: 여보세요? 주앙 씨, 저 윤아예요.
_______________ 연락을 받았어요?
나: 아니요, 연락을 받지 못했어요. 무슨 일이에요?
가: 선생님이 내일 일이 있어서 _______________
나: 그래요? 그럼 다음에 같이 가요.

[5-6] 대화를 듣고 질문에 답하십시오.

5 질문에 답하십시오.

1) 이 남자는 누구에게 전화를 했습니까? (   )
① 반 친구 ② 회사 친구 ③ 고향 친구 ④ 기숙사 친구
2) 약속 장소는 어디입니까?
____

6 대화를 완성하십시오.

가: 윤아 씨, 지금 _______________
나: 네, 괜찮아요.
가: _______________
나: 아니요, 받지 못했어요.
가: 내일 오후 6시에 우리 반 친구들이 신촌백화점 앞에서 만나요.
같이 저녁을 먹을 거예요.
나: 네, 그럼 내일 만나요.

Ⅳ. 따라해 봅시다

- 연락 [열락]
- 신라 [실라]
- 선생님에게서 연락을 받았어요?

Ⅴ. 정리해 봅시다

1. 누구한테서 문자메시지가 자주 옵니까?
2. 한국말로 전화를 할 수 있습니까?

연락을 받다

16과 교통

1. 교통

MP3 / 47

• 학습목표: 교통수단과 소요 시간 관련 내용을 이해할 수 있다.

I. 준비해 봅시다

읽고 알맞은 것을 연결하십시오.

1) 저는 공항에 지하철을 타고 가요. • • ❶ 

2) 저는 주말에 공원에서 자전거를 타요. • • ❷ 

3) 저는 제주도에 비행기를 타고 가요. • • ❸ 

4) 저는 가끔 택시를 타고 회사에 가요. • • ❹ 

II. 들어 봅시다

1 대화를 듣고 맞는 것에 ✔하십시오.

1) 

❶ (　　) ❷ (　　)

2) 

❶ (　　) ❷ (　　)

3) 

❶ (　　) ❷ (　　)

4) 

❶ (　　) ❷ (　　)

교통 공항 지하철 자전거 비행기 택시 인터넷 젓가락 편지 종이

2 대화를 듣고 맞으면 O, 틀리면 X 하십시오.

1)

○○ 고속	서울	→	전주
출발일	출발 시간	도착 시간	좌석 번호
2019. 3. 23(토)	09:30	12:00	15

( )

2)

○○ 고속	강릉	→	서울
출발일	출발 시간	도착 시간	좌석 번호
2018. 10. 17(수)	15:00	17:40	02

( )

3)

2018년 1월 13일(일)

KTX 129	15호차 5A	일반실	요금 36,200

대전(06:10) → 부산(07:50)

( )

4)

2019년 6월 6일(목)

KTX 158	8호차 11D	일반실	요금 59,800

부산(15:20) → 서울(17:50)

( )

[3-4] 대화를 듣고 질문에 답하십시오.

3 맞으면 O, 틀리면 X 하십시오.

1) 두 사람은 택시를 타고 갔어요. ( )
2) 이 시간에는 택시보다 지하철이 빨라요. ( )
3) 약속 장소까지 20분 걸려요. ( )

4 대화를 완성하십시오.

가: 늦었는데 택시를 타고 갈까요?
나: 아니요, 이 시간에는 교통이 복잡해요.
가: 그럼 뭘 타고 갈까요?
나: ______ 갑시다. 약속 장소까지 ______ 걸려요.

고속버스 기차 전주 강릉 대전 KTX 장소 공항버스

[5-6] 대화를 듣고 질문에 답하십시오.

5 질문에 답하십시오.

1) 흐엉 씨는 무엇을 탈 거예요? (   )

① 기차 ② 비행기 ③ 고속버스 ④ 공항버스

2) 흐엉 씨는 방학에 무엇을 할 거예요?

흐엉 씨는 ________

6 대화를 완성하십시오.

가: 흐엉 씨, 방학에 뭘 할 거예요?
나: 부모님과 같이 부산에 갈 거예요.
가: ________ 비행기로 갈 거예요?
나: 비행기를 타고 갈 거예요.
가: 얼마나 걸려요?
나: ________

III. 읽어 봅시다

저는 강남에서 아르바이트를 합니다.
날마다 수업이 끝나고 아르바이트를 하러 갑니다.
보통 버스나 지하철로 갑니다.
오늘은 친구들과 같이 점심을 먹고 시험공부를 했습니다.
아르바이트 시간에 조금 늦어서 택시로 갔습니다.
학교에서 강남까지 택시로 40분쯤 걸렸습니다.
택시는 버스보다 조금 비쌌지만 빠르고 편했습니다.
택시 운전기사 아저씨와 한국말로 이야기했습니다.
조금 어려웠지만 재미있었습니다.
한국말로 이야기할 수 있어서 기분이 좋았습니다.

늦다 시험공부 편하다 운전기사

1 저는 오늘 무엇을 했습니까? 순서대로 쓰십시오.

❶ 수업을 들었습니다.
❷ 강남에 갔습니다.
❸ 점심을 먹었습니다.
❹ 시험공부를 했습니다.

(❶) → (   ) → (   ) → (   )

2 문장을 읽고 맞으면 ○, 틀리면 X 하십시오.

1) 오늘 점심을 먹고 공부를 했습니다. (   )
2) 오늘은 버스로 강남에 갔습니다. (   )
3) 택시는 빠르고 편했습니다. (   )

3 질문을 읽고 알맞은 대답을 쓰십시오.

1) 학교에서 강남까지 얼마나 걸렸습니까?
학교에서 강남까지 ______________________
2) 왜 기분이 좋았습니까?
______________________ 기분이 좋았습니다.

Ⅳ. 따라해 봅시다

- 늦어서[느저서]
- 젖어서[저저서]
- 조금 늦어서 택시로 갔습니다.

Ⅴ. 정리해 봅시다

1. 무엇을 자주 타요?
2. 집에서 학교까지 얼마나 걸려요?

16과 교통

2. 공항버스

MP3 / 48

• 학습목표: 교통수단을 이용하는 내용을 이해할 수 있다.

I. 준비해 봅시다

읽고 관계있는 것과 연결하십시오.

1) 비행기를 탑니다.	•	• ① 정류장
2) 버스를 기다립니다.	•	• ② 기차역
3) 기차에서 내립니다.	•	• ③ 공항

II. 읽어 봅시다

9월 20일 월요일
저는 오늘 수업이 끝난 후에 친구를
만나러 공항에 갔습니다.
저는 공항까지 공항 철도로 갔습니다.
홍대입구역에서 공항 철도를 탔습니다.
공항 철도는 빠르고 깨끗해서 아주 좋았습니다.
공항에서 친구를 만났습니다.
친구는 조금 늦게 도착했습니다.
친구 가방이 아주 크고 무거웠습니다.
공항에서 역까지 많이 걸어야 해서
우리는 공항 버스를 탔습니다.
버스는 15분마다 있었습니다.
버스는 공항 철도보다 조금 비쌌지만 편했습니다.

정류장　기차역　공항 철도

1 읽고 알맞은 것을 고르십시오.

① 빠릅니다 ② 비쌉니다
③ 깨끗합니다 ④ 편합니다
⑤ 쌉니다 ⑥ 더럽습니다

1) 공항버스 (,) 2) 공항철도 (,)

2 문장을 읽고 맞으면 O, 틀리면 X 하십시오.

1) 에릭 씨는 버스를 타고 공항에 갔습니다. ( )
2) 역에서 공항까지 좀 멀었습니다. ( )
3) 에릭 씨는 공항에서 조금 기다렸습니다. ( )

3 질문을 읽고 알맞은 대답을 쓰십시오.

1) 에릭 씨는 왜 공항에 갔습니까?

2) 공항버스는 얼마나 자주 옵니까?

III. 들어 봅시다

1 문장을 듣고 알맞은 것을 연결하십시오.

1) • 　　2) • 　　3) • 　　4) •

❶

고속버스시간표 (서울 ➡
07:00
07:20
07:40

❷

고속버스시간표 (서울 ➡
07:00
07:30
08:00

❸

고속버스시간표 (서울 ➡
06:50
07:50
08:50

❹

고속버스시간표 (서울 ➡
07:00
07:10
07:20

2 문장을 듣고 맞는 것을 고르십시오.

1)

❶ ( ) ❷ ( )

2)

❶ ( ) ❷ ( )

3)

❶ ( ) ❷ ( )

4)

❶ ( ) ❷ ( )

[3-4] 대화를 듣고 질문에 답하십시오.

3 맞으면 O, 틀리면 X 하십시오.

1) 두 사람은 다음 주에 안동에 갑니다. ( )

2) 두 사람은 버스를 타고 갑니다. ( )

3) 버스는 30분마다 있습니다. ( )

광주 안동 고속버스터미널

4 대화를 완성하십시오.

가: 다음 주에 같이 버스를 타고 안동에 갈까요?
나: 네, 좋아요. 버스는 어디에서 타요?
가: ______________ 에서 타야 해요.
나: 안동에 가는 버스는 몇 분마다 있어요?
가: ______________ 있어요.

[5-6] 대화를 듣고 질문에 답하십시오.

5 질문에 답하십시오.

1) 경주에 가는 기차는 어디에서 타야 합니까? (   )

① 신촌역 ② 서울역 ③ 경주역 ④ 용산역

2) 경주에 가는 기차는 몇 시간마다 있습니까?

기차는 ______________

6 대화를 완성하십시오.

가: 하늘 씨, 고향이 경주지요?
나: 네, 맞아요. 왜요?
가: 저도 다음 주에 경주에 가요. 하늘 씨는 경주까지 어떻게 가요?
나: 저는 기차가 편하니까 기차로 가요.
가: 기차는 어디에서 타요?
나: ______________
서울역에서 ______________

Ⅳ. 따라해 봅시다

- 철도[철또]
- 갈대[갈때]
- 저는 공항까지 공항 철도로 갔습니다.

Ⅴ. 정리해 봅시다

1. 한국에서 무엇을 탔어요?
2. 그것을 타고 어디에 갔어요?

경주 맞다

MP3 / 49

1 대화를 듣고 대답하십시오.

1) **전화를 끊고 유키 씨가 할 일로 맞는 것을 고르십시오. (　　)**

❶ 버스표를 예매합니다.
❷ 식당을 예약합니다.
❸ 친구에게 전화합니다.
❹ 피자 가게에 갑니다.

2) **이야기의 내용과 같은 것을 고르십시오. (　　)**

❶ 유키 씨는 지금 상수동에 있습니다.
❷ 유키 씨는 친구와 상수동에 갑니다.
❸ 신촌에서 상수동까지 버스로 10분쯤 걸립니다.
❹ 상수동에 가는 버스는 15분마다 옵니다.

3) **식당의 전화번호가 몇 번입니까? 쓰십시오.**

2 다음을 읽고 질문에 대답하십시오.

유키 씨는 오늘 동생과 같이 상수동 피자 가게에 가고 싶었습니다. 신촌역 근처에서 버스를 탔습니다. 내리는 곳을 몰라서 에릭 씨에게 문자 메시지를 보냈습니다. "에릭 씨, 상수동에 마포07번 버스를 타고 가지요? 어디에서 내려요?" 에릭 씨한테서 문자 메시지가 왔습니다. "상수역 정류장에서 내리세요." 신촌역에서 상수역 정류장까지 버스로 10분쯤 걸렸습니다. 정류장 근처에 에릭 씨가 가르쳐 준 피자 가게가 있었습니다.

상수동　좀[2]　문자 메시지　보내다　마포

1) **무엇에 대한 이야기입니까? (　　)**

❶ 문자 메시지　❷ 버스 정류장　❸ 유키 씨 동생　❹ 상수동 식당

2) **읽은 내용과 같은 것은 무엇입니까? (　　)**

❶ 유키 씨는 친구와 같이 상수동에 갔습니다.

❷ 유키 씨는 지하철을 타고 상수동에 갔습니다.

❸ 유키 씨는 상수역 정류장에서 내렸습니다.

❹ 에릭 씨는 내리는 곳을 모릅니다.

문화

서울의 대중교통

한국의 대중 교통수단에는 버스와 지하철이 있습니다. 가까운 시내를 돌아다니는 시내 버스와 근교를 이어주는 버스, 그리고 다양한 지하철 노선이 있습니다. 종류에 따라 이용 요금이 다릅니다. 한국은 대중교통 요금이 싼 편입니다. 대중교통을 이용할 때 보통 교통카드를 많이 사용하는데 환승을 할 때 할인을 받을 수 있어서 아주 편리합니다.

17과 길 찾기

1. 이태원

MP3 / 50

• 학습목표: 위치와 방향 관련 내용을 이해할 수 있다.

Ⅰ. 준비해 봅시다

읽고 맞으면 O, 틀리면 X 하십시오.

1) 왼쪽에 도서관이 있습니다. (　　)

2) 오른쪽에 학생회관이 있습니다. (　　)

3) 기숙사는 이쪽에 있어요. (　　)

4) 똑바로 가세요. 정문이 있어요. (　　)

Ⅱ. 들어 봅시다

1 문장을 듣고 관계가 있는 것과 연결하십시오.

1)　　2)　　3)　　4)

①

②

③

④

2 질문을 듣고 대답과 관계가 있는 것에 ✔하십시오.

1) □ 역　　□ 공항　　2) □ 버스　　□ 정류장

3) □ 노래　　□ 영화　　4) □ 서점　　□ 시장

왼쪽　오른쪽　이쪽　똑바로　정문　사거리　어느 쪽

[3-4] 대화를 듣고 질문에 답하십시오.

3 맞으면 ○, 틀리면 X 하십시오.

1) 이 근처에 은행이 있습니다. (　　)
2) 사거리에서 우체국까지 5분쯤 걸립니다. (　　)
3) 사거리에서 오른쪽으로 가면 은행이 있습니다. (　　)

4 대화를 완성하십시오.

가: 실례지만 길 좀 가르쳐 주세요.
나: 어디를 찾으세요?
가: 이 근처에 우체국이 있어요?
나: 네, 저 사거리에서 ____________으로/로 가세요.
____________ 은행 옆에 우체국이 있어요.

[5-6] 대화를 듣고 질문에 답하십시오.

5 질문에 답하십시오.

1) 남자는 왜 가로수길에 가야 합니까? (　　)
   ① 약속이 있어서 ② 파티가 있어서
   ③ 수업이 있어서 ④ 아르바이트가 있어서
2) 학교에서 가로수길까지 어떻게 갑니까? 알맞은 답을 쓰십시오.
   ____________을/를 타고 신사역에서 내리세요.
   → ____________에서 똑바로 가면 큰 빵집이 있어요.
   → 그 빵집에서 ____________으로/로 가세요.

실례지만 가로수길 신사역 걸어서

6 대화를 완성하십시오.

가: 윤아 씨, 제가 내일 약속이 있어서 가로수길에 가야 해요.
학교에서 가로수길까지 어떻게 가요?

나: 지하철 3호선을 타고 신사역에서 내리세요.

가: 그럼 신사역에서 내린 후에 어느 쪽으로 가요?

나: 신사역에서 ____________________ 큰 빵집이 있어요.
그 빵집에서 오른쪽으로 가면 가로수길이 있어요.

가: 신사역에서 가로수길까지 얼마나 걸려요?

나: ____________________

III. 읽어 봅시다

저는 이태원에서 삽니다. 이태원에는 외국 사람들이 많이 삽니다.
그래서 외국 식당도 많고 외국인 학교도 있습니다.
이태원에서 한강 쪽으로 10분쯤 걸으면 용산 가족공원이 있습니다.
공원은 아주 크고 아름답습니다.
결혼사진을 찍는 사람도 볼 수 있습니다.
공원에서 오른쪽으로 50미터쯤 걸으면 국립중앙박물관이 있습니다.
저는 역사를 좋아해서 그곳에 자주 갑니다.
저는 공원과 국립중앙박물관이 가깝고 맛있는 식당도 많은 이태원이 정말 좋습니다.

외국 외국인 용산 가족공원 미터 국립중앙박물관 역사

1 문장을 읽고 관계가 있는 문장을 연결하십시오.

1) 이태원에는 외국 사람들이 많이 삽니다.	• •	❶ 국립중앙박물관에 자주 갑니다.
2) 용산 가족공원은 아주 크고 아름답습니다.	• •	❷ 외국 식당도 많고 외국인 학교도 있습니다.
3) 저는 역사를 좋아합니다.	• •	❸ 저는 이태원을 정말 좋아 합니다.
4) 공원과 국립중앙박물관이 가깝고 맛있는 식당들이 많습니다.	• •	❹ 결혼사진을 찍는 사람을 볼 수 있습니다.

2 맞으면 O, 틀리면 X 하십시오.

1) 이태원에서 용산 가족공원까지 가깝습니다. ( )
2) 이태원에서 한강까지 걸어서 10분쯤 걸립니다. ( )
3) 국립중앙박물관은 아주 크고 아름답습니다. ( )

3 질문을 읽고 알맞은 대답을 쓰십시오.

1) 용산 가족공원은 어떻습니까?
용산 가족공원은 ______________________
2) 용산 가족공원에서 국립중앙박물관까지 어떻게 갑니까?
공원에서 ______________________ 국립중앙박물관이 있습니다.

Ⅳ. 따라해 봅시다

• 국립 [궁닙] • 독립 [동닙]
• 저는 국립중앙박물관에 자주 갑니다.

Ⅴ. 정리해 봅시다

1. 서울에서 어디에 가고 싶습니까?
2. 서울 지도를 보십시오. 그곳은 서울 어느 쪽에 있습니까?

17과 길 찾기

2. 길 안내

MP3 / 51

• 학습목표: 길 안내 관련 내용을 이해할 수 있다.

Ⅰ. 준비해 봅시다

듣고 알맞은 것을 연결하십시오.

1) 2) 3) 4)

① 

② 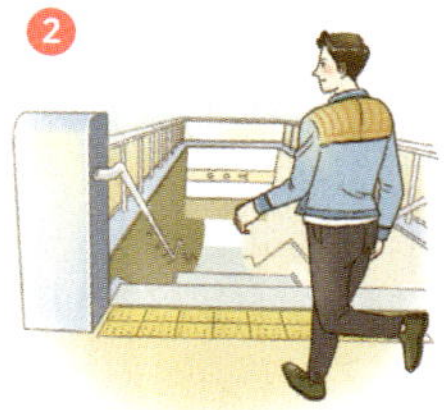

③ 

④ 

Ⅱ. 읽어 봅시다

오늘 우리 반 친구가 집에 옵니다.
그래서 저는 친구에게 집까지 오는 길을 문자메시지로 가르쳐 주었습니다.

지하철 2호선 신촌역에서 내리세요.
4번 출구로 나와서 마을버스 3번을 타고 서대문우체국 정류장에서 내리세요.
정류장 앞에 있는 횡단보도를 건너서 오른쪽으로 가세요.
자전거 가게가 있습니다.
거기에서 똑바로 가면 식당이 있습니다.
식당에서 왼쪽으로 가면 편의점이 있습니다.
편의점 건너편에 있는 2층집이 우리집입니다.
집을 찾지 못하면 전화하세요.

길 안내 육교 횡단보도 지하도 출구 나오다 마을버스 서대문우체국 건너다 건너편

1 우리집은 어디입니까? 맞는 번호를 고르십시오. (　　　)

①

②

③

④

2 문장을 읽고 맞으면 O, 틀리면 X 하십시오.

1) 마을버스 3번을 탑니다. (　　　)

2) 서대문우체국 정류장에서 내려서 육교로 건넙니다. (　　　)

3) 편의점 옆에 있는 집이 우리집입니다. (　　　)

3 질문을 읽고 알맞은 대답을 쓰십시오.

1) 집까지 오는 길을 친구에게 어떻게 가르쳐 줬습니까?

2) 이 사람 집 건너편에 무엇이 있습니까?

17-2

III. 들어 봅시다

1 문장을 듣고 빈칸에 알맞은 번호를 보기 에서 고르십시오.

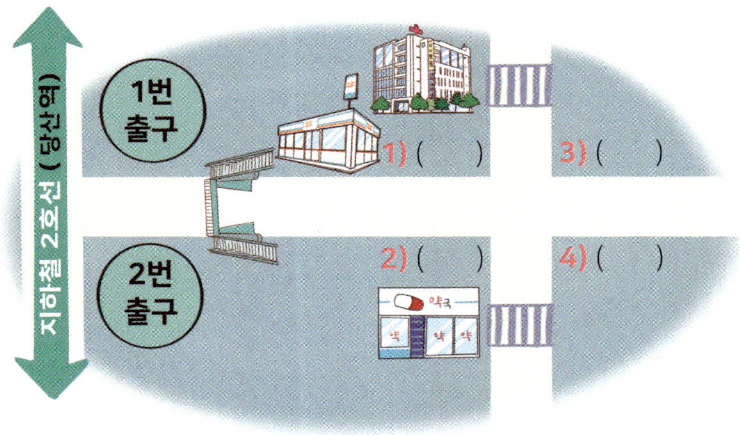

보기

❶ 극장

❷ 우체국

❸ 빵집

❹ 카페

2 두 사람은 무엇에 대해서 이야기하고 있습니까? 관계있는 것에 ✔하십시오.

1) □ 사람　□ 물건　　2) □ 장소　□ 시간

3) □ 사람　□ 물건　　4) □ 장소　□ 시간

[3-4] 대화를 듣고 질문에 답하십시오.

3 맞으면 O, 틀리면 X 하십시오.

1) 남자는 안경점 앞에 있습니다. (　　)

2) 남자가 카페를 찾지 못해서 여자가 길을 가르쳐 줍니다. (　　)

3) 두 사람이 만나는 카페는 안경점 옆에 있습니다. (　　)

안경점

4 대화를 완성하십시오.

가: 여보세요? 에릭 씨, 지금 어디예요?
나: 지금 ______________이에요. 그런데 카페가 어디에 있어요?
가: 안경점 앞에 있는 ______________________ 왼쪽으로 오세요.
나: 아, 그래요? 조금만 기다려 주세요.

[5-6] 대화를 듣고 질문에 답하십시오.

5 질문에 답하십시오.

1) 이 여자는 어디에 있습니까? (　　　)
① 지하철역　② 버스 정류장　③ 택시 정류장　④ 기차역

2) 횡단보도를 건너서 호텔까지 어떻게 갑니까?
횡단보도를 건너서 ____________________________

6 대화를 완성하십시오.

가: 여보세요? 시티호텔이지요?
나: 네, 그렇습니다.
가: 여기는 경복궁역입니다. 여기에서 어떻게 가요?
나: ____________________ 횡단보도를 건너세요.
가: ____________________
나: 네, 횡단보도를 건너서 청계천 쪽으로 50m쯤 오시면 호텔이 있습니다.

Ⅳ. 따라해 봅시다

- 똑바로 [똑빠로]
- 국방부 [국빵부]
- 똑바로 가면 식당이 있습니다.

Ⅴ. 정리해 봅시다

1. 길을 모르면 어떻게 합니까?
2. 친구에게 한국말로 길을 가르쳐 줄 수 있습니까?

청계천

18과 날씨와 계절

1. 날씨

MP3 / 52

• 학습목표: 날씨 관련 내용을 이해할 수 있다.

Ⅰ. 준비해 봅시다

듣고 알맞은 것을 연결하십시오.

1) • 2) • 3) • 4) •

• • • •

① 
② 
③ 
④ 

Ⅱ. 읽어 봅시다

어제는 날씨가 아주 흐렸습니다.
바람도 불고 아주 추웠습니다.
오후에는 날씨가 추워서 눈이 많이 왔습니다.
우리 고향에는 눈이 오지 않습니다.
나무와 집이 모두 하얀색이었습니다.
경치가 아주 아름다웠습니다.
아이들이 눈싸움을 하고 눈사람도 만들었습니다.
고향 친구들에게 보내 주고 싶어서 사진을 찍었습니다.
고향 친구들이 이 사진을 보면 아주 좋아할 것 같습니다.
날씨가 추웠지만 기분이 아주 좋았습니다.

흐리다 맑다 바람이 불다 닫다 눈 눈싸움을 하다 눈사람 나무

1 문장을 읽고 관계가 있는 것과 연결하십시오.

1) 날씨가 아주 흐렸습니다. • • ① 

2) 나무와 집이 모두 하얀색이었습니다. • • ② 

3) 눈싸움을 했습니다. • • ③ 

4) 기분이 아주 좋았습니다. • • ④ 

2 문장을 읽고 맞으면 O, 틀리면 X 하십시오.

1) 어제는 날씨가 흐리고 비가 많이 왔습니다. (   )
2) 나무와 집이 하얀색이어서 아름다웠습니다. (   )
3) 이 사람 고향에 눈이 많이 왔습니다. (   )

3 질문을 읽고 알맞은 대답을 쓰십시오.

1) 경치가 어땠습니까?

____

2) 이 사람은 왜 사진을 찍었습니까?

이 사람은 ____________ 사진을 찍었습니다.

III. 들어 봅시다

1 문장을 듣고 알맞은 것을 고르십시오.

1) 요코 (　　　)　　2) 샤오밍 (　　　)　　3) 리에 (　　　)　　4) 빌리 (　　　)

2 대화를 듣고 알맞은 것을 연결하십시오.

1)　　2)　　3)　　4)

[3-4] 대화를 듣고 질문에 답하십시오.

3 맞으면 O, 틀리면 X 하십시오.

1) 두 사람은 사진을 보고 이야기를 합니다. (　　　)
2) 두 사람은 방학에 러시아에 갈 거예요. (　　　)
3) 러시아는 눈이 많이 오고 춥습니다. (　　　)

꽃이 피다　모스크바

4 대화를 완성하십시오.

가: 여기가 어디예요? 경치가 ______

나: 러시아 모스크바 사진이에요. 이번 방학에 가족과 같이 갈 거예요.

가: 날씨가 ______

나: 네, 러시아는 눈이 많이 오고 추워요. 그래서 두꺼운 옷과 모자를 준비할 거예요.

[5-6] 대화를 듣고 질문에 답하십시오.

5 질문에 답하십시오.

1) 요즘 아침과 저녁 날씨가 어떻습니까? (　　　)

① 덥다　② 춥다　③ 따뜻하다　④ 선선하다

2) 오늘 오후 날씨가 어떨 것 같습니까?

오늘 오후 날씨가 ______

6 대화를 완성하십시오.

가: 요즘 아침과 저녁에는 선선하지요?

나: 네, ______

가: 지난달은 정말 더웠어요. 날씨가 더워서 ______

나: 오늘도 오후에는 조금 더울 것 같아요.

가: 네, 그렇지만 다음 주부터는 오후에도 선선할 것 같아요.

나: 그래요? 그럼 저녁에 시간이 있으면 같이 운동합시다.

Ⅳ. 따라해 봅시다

- 같습니다[갇씀니다]
- 맏습니다[맏씀니다]
- 아주 좋아할 것 같습니다.

Ⅴ. 정리해 봅시다

1. 요즘 한국 날씨가 어떻습니까?
2. 고향 날씨가 어떻습니까?

선선하다

18과 날씨와 계절

2. 사계절

MP3 / 53

• 학습목표: 계절 활동 관련 내용을 이해할 수 있다.

I. 준비해 봅시다

듣고 관계 있는 것과 연결하십시오.

1)	2)	3)	4)
① 봄	② 여름	③ 가을	④ 겨울

II. 읽어 봅시다

한국에는 봄, 여름, 가을, 겨울 사계절이 있습니다.
저는 봄과 가을을 좋아합니다.
한국의 봄은 3월부터 5월까지입니다.
봄에는 예쁜 꽃이 많이 핍니다.
그래서 사람들은 산과 공원으로 소풍을 갑니다.
9월부터 11월까지는 가을입니다.
가을에는 날씨가 좋아서 사람들이 등산을 많이 합니다.
산에 단풍이 들면 아주 아름답습니다.
사람들은 등산을 하면서 단풍 구경을 합니다.
한국은 봄과 가을이 아름다운 것 같습니다.

1 읽고 알맞은 것을 고르십시오.

① 3월부터 5월까지입니다.　　② 날씨가 좋습니다.
③ 꽃이 핍니다.　　④ 산에 단풍이 듭니다.
⑤ 등산을 많이 합니다.　　⑥ 소풍을 갑니다.

1) 봄 (　　,　　,　　)　　2) 가을 (　　,　　,　　)

봄　가을　해수욕장에 가다　단풍　소풍을 가다　사계절　단풍이 들다

2 문장을 읽고 맞으면 O, 틀리면 X 하십시오.

1) 한국에는 사계절이 있습니다. ( )

2) 이 사람은 봄과 가을을 좋아합니다. ( )

3) 사람들은 봄에 산과 공원으로 단풍 구경을 갑니다. ( )

3 질문을 읽고 알맞은 대답을 쓰십시오.

1) 봄에는 무엇이 많습니까?

2) 사람들은 어디에서 단풍 구경을 합니까?

III. 들어 봅시다

1 문장을 듣고 알맞은 것을 고르십시오.

1) 크리스 ( ) 2) 루크 ( ) 3) 밍밍 ( ) 4) 리에 ( )

춤을 추다

2 대화를 듣고 맞는 것을 연결하십시오.

1) • • 2) • • 3) • • 4) • •

[3-4] 대화를 듣고 질문에 답하십시오.

3 맞으면 ○, 틀리면 X 하십시오.

1) 어제 비가 많이 왔습니다. ( )

2) 일본은 여름에 비가 많이 옵니다. ( )

3) 유키는 비가 오는 날은 집에서 맛있는 음식을 먹습니다. ( )

4 대화를 완성하십시오.

가: 밖에 비가 많이 오는군요.

나: 한국도 여름에 비가 많이 ________

일본도 여름에 비가 많이 와요.

가: 유키 씨는 비가 많이 오는 날 집에서 보통 뭘 해요?

나: 저는 보통 맛있는 음식을 ________ 영화를 봐요.

글쎄요

[5-6] 대화를 듣고 질문에 답하십시오.

5 질문에 답하십시오.

1) 두 사람의 이야기와 다른 것은 무엇입니까? (   )

❶ 지금 밖에 눈이 옵니다.

❷ 흐엉 씨 고향에 눈이 오지 않습니다.

❸ 두 사람은 수업이 끝나고 눈사람을 만듭니다.

❹ 두 사람은 수업이 끝나고 먼저 식당에 갑니다.

2) 흐엉 씨와 에릭 씨는 수업이 끝나고 무엇을 할 겁니까?

____

6 대화를 완성하십시오.

가: 어! 밖에 눈이 와요.

나: 우와, 정말 예뻐요.

한국의 겨울은 눈이 오니까 ______________________

가: 흐엉 씨 고향은 따뜻해서 눈이 안 오지요? 우리 같이 눈사람을 만들까요?

나: 눈사람요? 좋아요.

가: 수업이 끝나고 눈사람도 만들고 ______________________

나: 네, 재미있을 것 같아요.

Ⅳ. 따라해 봅시다

- 밖에[바께]
- 닦아요[다까요]
- 밖에 비가 많이 오는군요.

Ⅴ. 정리해 봅시다

1. 봄, 여름, 가을, 겨울에 무엇을 합니까?
2. 한국의 봄(여름, 가을, 겨울)은 어떻습니까?

복습

MP3 / 54

1 다음을 읽고 질문에 답하십시오.

YONSEI EMAIL

보낸 사람	on.coralreef@ausmail.com(Olivia Smith)
받는 사람	yunafirst@yonsei.ac.kr(Yuna Lee)
제 목	안녕하세요?

윤아 씨에게

안녕하세요? 윤아 씨, 잘 있었어요?
한국은 지금 (가)이니까/니까 날씨가 좀 춥지요?
한국에서 눈이 온 산을 구경하면서 스키를 타고 싶군요.
저는 제 고향 시드니에 있어요.
호주는 지금 (나)이어서/여서 날씨가 더워요. 그래서 저는 바다에 자주 가요.
우리 집에서 남쪽으로 걸어서 10분쯤 가면 바다가 있어요.
바다에서 가족들과 같이 수영도 하고 서핑도 해요.
윤아 씨도 (다)을/를 좋아하니까 여기에 오면 좋아할 것 같아요.
나중에 꼭 한번 놀러 오세요. 다음 달에 한국에서 만나요.

올리비아

1) 무엇에 대한 이야기입니까? (　　)

① 친구와 학교　② 계절과 운동　③ 고향과 음식　④ 여행과 쇼핑

2) 이 글의 내용과 같은 것을 고르십시오. (　　)

① 한국은 지금 여름입니다.
② 윤아 씨는 지금 호주에 있습니다.
③ 올리비아 씨는 이번 달에 한국에 옵니다.
④ 올리비아 씨는 바다에서 수영과 서핑을 합니다.

3) 빈 칸에 알맞은 것을 보기에서 골라 쓰십시오.

보기

운동　여름　겨울

가 (　　　)　나 (　　　)　다 (　　　)

시드니　남쪽　나중에

2 대화를 듣고 대답하십시오.

1) **이 대화 내용과 같은 것을 고르십시오. (　　)**

① 올리비아 씨 고향은 날씨가 추웠어요.
② 윤아 씨는 지난달에 영어를 가르쳤어요.
③ 윤아 씨는 주말마다 아르바이트를 했어요.
④ 두 사람은 다음 주말에 스키장에 갈 거예요.

2) **두 사람은 지금 어디에서 이야기합니까? (　　)**

① 호주　② 한국　③ 바다　④ 스키장

문화

꽃구경과 단풍놀이

한국은 봄에 날씨가 따뜻하고 꽃이 많이 핍니다. 그래서 봄꽃을 구경하러 가는 사람들이 많습니다. 서울에서도 4월이 되면 벚꽃을 구경하러 여의도에 가는 사람이 많습니다. 가을에는 단풍이 듭니다. 빨갛고 노랗게 단풍이 들면 아주 아름답습니다. 특히 설악산과 속리산은 아름다운 단풍으로 유명합니다. 그래서 단풍을 구경하러 가는 사람이 아주 많습니다.

19과 여행

1. 여행 계획

MP3 / 55

• 학습목표: 여행 계획 관련 내용을 이해할 수 있다.

Ⅰ. 준비해 봅시다

듣고 알맞은 것을 연결하십시오.

1) • 2) • 3) • 4) •

• ❶ 민박집 • ❷ 호텔 • ❸ 콘도 • ❹ 게스트하우스

Ⅱ. 읽어 봅시다

저는 두 달 전에 서울에 왔습니다.
일을 하면서 한국말 공부도 하니까 바쁩니다.
그래서 아직 여행을 많이 하지 못했습니다.
방학이 되면 여행을 가려고 합니다.
먼저 저는 강원도에 있는 강릉에 갈 계획입니다.
강릉은 설악산도 가깝고 바다도 가깝습니다.
저는 강릉까지 기차로 가고 잠은 펜션에서 자려고 합니다.
제가 여행사에서 예약한 펜션은 호텔보다 싸고 깨끗합니다.
수영장이 있고 자전거도 빌릴 수 있습니다.
또 펜션 근처에 버스 정류장이 있어서 교통이 편합니다.
빨리 강릉에 여행을 가고 싶습니다.

민박집 콘도 게스트하우스 전 강원도 설악산 잠 펜션 또

1 문장을 읽고 장소와 관계가 있는 것을 연결하십시오.

1)	서울 •	• ❶ 산과 바다에 갑니다.
		• ❷ 회사에서 일합니다.
2)	여행사 •	• ❸ 펜션을 예약합니다.
		• ❹ 학교에서 공부합니다.
3)	강릉 •	• ❺ 수영도 하고 자전거도 탑니다.

2 문장을 읽고 맞으면 ○, 틀리면 X 하십시오.

1) 에릭 씨가 한국에서 두 달 살았습니다. ( )
2) 에릭 씨는 강릉에 버스를 타고 가려고 합니다. ( )
3) 펜션은 호텔보다 비싸지만 깨끗합니다. ( )

3 질문을 읽고 알맞은 대답을 쓰십시오.

1) 에릭 씨는 왜 여행을 하지 못했습니까?
에릭 씨는 ________________ 여행을 하지 못했습니다.
2) 에릭 씨는 왜 강릉에 가려고 합니까?
에릭 씨는 ________________ 강릉에 가려고 합니다.

III. 들어 봅시다

1 문장을 듣고 관계가 있는 것과 연결하십시오.

1) 2) 3) 4)

① ② ① ② ① ② ① ②

2 남자는 무엇을 할 것 같습니까? 대화를 듣고 맞는 번호를 고르십시오.

1) (   )

① 호텔에서 자요.
② 민박집에서 자요.

2) (   )

① 매운 음식을 먹어요.
② 맵지 않은 음식을 먹어요.

3) (   )

① 차를 마셔요.
② 잠을 자요.

4) (   )

① 오늘 만나요.
② 다음 주에 만나요.

[3-4] 대화를 듣고 질문에 답하십시오.

3 맞으면 O, 틀리면 X 하십시오.

1) 흐엉 씨는 주말에 평창에 가려고 합니다. (   )
2) 윤아 씨는 콘도에서 자려고 합니다. (   )
3) 콘도에서는 요리를 할 수 없습니다. (   )

평창

4 대화를 완성하십시오.

가: 윤아 씨, 저는 주말에 평창에 ______________

나: 그래요? 흐엉 씨는 평창에 가면 어디에서 잘 거예요?

가: 글쎄요, 어디가 좋아요?

나: 콘도에서 ______________

콘도는 요리를 할 수 있어서 편해요.

[5-6] 이야기를 듣고 질문에 답하십시오.

5 질문에 답하십시오.

1) 경주는 어떻습니까? (　　　,　　　)

❶ 구경할 것이 많습니다. ❷ 외국 사람이 많습니다.

❸ 경치가 아름답습니다. ❹ 집값이 쌉니다.

2) 이 사람이 예약한 게스트하우스는 어떻습니까?

그 게스트하우스는 ______________

6 문장을 완성하십시오.

저는 방학에 경주에 여행을 가려고 해요.
경주는 구경할 것도 많고 경치도 아름다워서 꼭 가고 싶었어요.
저는 경주에 가면 ______________
제가 예약한 게스트하우스는 값이 싸요.
그리고 외국 사람들에게 한국 요리를 가르쳐 줘요.
여러분도 저와 같이 경주에 ______________

Ⅳ. 따라해 봅시다

- 강릉 [강능]
- 종로 [종노]
- 빨리 강릉에 여행을 가고 싶습니다.

Ⅴ. 정리해 봅시다

1. 어디에 여행을 가고 싶습니까?
2. 여행 계획을 세워 보십시오.

19과 여행

2. 여행 준비

MP3 / 56

• 학습목표: 여행 준비 관련 내용을 이해할 수 있다.

Ⅰ. 준비해 봅시다

듣고 알맞은 것에 ✔하십시오.

1)

❶ (   )

❷ (   )

2)

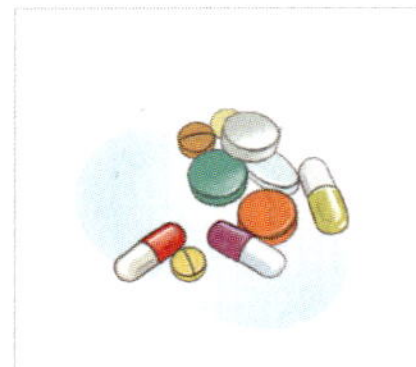

❶ (   )

❷ (   )

3)

❶ (   )

❷ (   )

4)

❶ (   )

❷ (   )

Ⅱ. 읽어 봅시다

오늘 이번 학기가 끝났습니다.
그래서 저는 내일 싱가포르에 가려고 합니다.
그곳은 우리 반 친구 레이첼 씨 고향입니다.
지금 가방을 싸고 있습니다.
싱가포르는 날씨가 더워서 얇은 옷과 모자를 준비했습니다.
슬리퍼와 선글라스도 샀습니다.
비행기 표는 인터넷으로 샀습니다.
싼 표를 사서 기분이 좋았습니다.
내일 아침에는 일찍 공항에 가야 합니다.
공항에서 돈을 바꾸고 레이첼 씨 부모님께 드릴 선물도 사려고 합니다.

여권　약　충전기　가방을 싸다　학기　싱가포르　슬리퍼　선글라스
비행기 표　돈을 바꾸다

1 이 사람은 지금 무엇을 하고 있습니까? ( )

① 여행 가방 준비
② 비행기 표 예매
③ 인터넷 쇼핑
④ 선물 준비

2 문장을 읽고 맞으면 O, 틀리면 X 하십시오.

1) 이 사람은 내일 친구 고향에 갑니다. ( )
2) 이 사람은 여행사에서 비행기 표를 샀습니다. ( )
3) 이 사람은 오늘 은행에서 돈을 바꿨습니다. ( )

3 질문을 읽고 알맞은 대답을 쓰십시오.

1) 이 사람은 공항에서 무엇을 하려고 합니까?
공항에서 돈을 바꾸고 ______________________
2) 이 사람은 비행기 표를 어떻게 샀습니까?
____

Ⅲ. 들어 봅시다

1 문장을 듣고 맞는 것에 ✔하십시오.

1)

❶ (　　　)　❷ (　　　)

2)

❶ (　　　)　❷ (　　　)

3)

❶ (　　　)　❷ (　　　)

4)

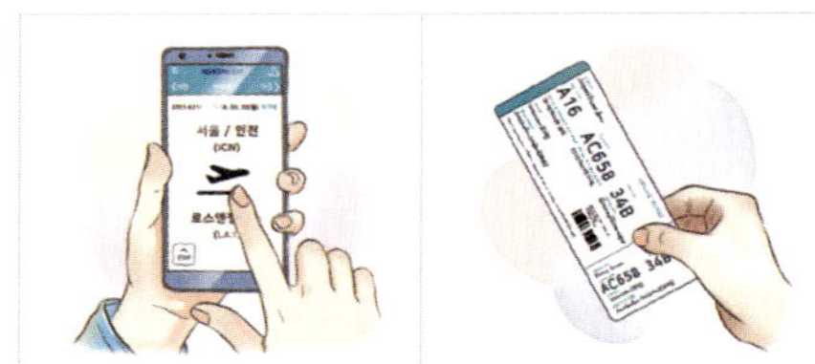

❶ (　　　)　❷ (　　　)

2 대화를 듣고 여자의 대답과 관계가 있는 것의 번호를 고르십시오.

1) (　　　)

❶ 안 가요.
❷ 못 가요.

2) (　　　)

❶ 버스를 안 타요.
❷ 버스를 못 타요.

3) (　　　)

❶ 안 먹어요.
❷ 못 먹어요.

4) (　　　)

❶ 옷을 안 샀어요.
❷ 옷을 못 샀어요.

[3-4] 대화를 듣고 질문에 답하십시오.

3 맞으면 O, 틀리면 X 하십시오.

1) 제인 씨는 여행 준비를 다 했습니다. (　　　)
2) 제인 씨는 호텔을 예약하고 싶어 합니다. (　　　)
3) 제인 씨는 한국말을 잘합니다. (　　　)

4 대화를 완성하십시오.

가: 제인 씨, 호텔 예약했어요?

나: 아니요, 호텔 예약을 아직 ____________

가: 왜요? 무슨 문제가 있어요?

나: 제가 한국말을 잘 못해서 예약을 ____________ 도와주세요.

[5-6] 대화를 듣고 질문에 답하십시오.

5 질문에 답하십시오.

1) 제시카 씨는 왜 우산을 준비합니까? (   )

① 우산이 비싸니까
② 날씨가 더우니까
③ 요즘은 비가 자주 오니까
④ 여행 가서 우산을 살 수 없으니까

2) 제시카 씨는 왜 충전기를 싸지 않습니까?

____

6 대화를 완성하십시오.

가: 제시카 씨, 여행 준비 다 했어요?

나: 아니요, 가방을 다 못 쌌어요. ____________

가: 아! 한국은 요즘 비가 자주 오니까 우산도 같이 싸세요.

나: 휴대 전화 충전기는 호텔에서 빌릴 수 있어요?

가: 네, 호텔에서 ____________

나: 그렇군요. 그럼 충전기는 안 쌀 거예요. 고마워요.

Ⅳ. 따라해 봅시다

- 여권[여꿘]
- 승차권[승차꿘]
- 여권이 있어야 합니다.

Ⅴ. 정리해 봅시다

1. 어디에 여행을 가고 싶습니까?
2. 여행 전에 무엇을 준비해야 합니까?

다

20과 방학과 휴일

1. 방학

MP3 / 57

• 학습목표: 방학 관련 내용을 이해할 수 있다.

I. 준비해 봅시다

읽고 맞으면 O, 틀리면 X 하십시오.

12월						
일요일	월요일	화요일	수요일	목요일	금요일	토요일
			1	2	3	4
5	6 시험	7 시험	8	9 방학	10	11
12	13	14	15 스키장	16	17	18
19	20 겨울 학기 시작	21	22	23	24	25 크리스마스
26	27	28	29	30	31	

1) 12월 8일에 방학이 시작됩니다. ( )
2) 12월 9일에 학기가 끝납니다. ( )
3) 12월 20일에 학기가 시작됩니다. ( )
4) 12월 25일은 방학입니다. ( )

II. 읽어 봅시다

보고 싶은 선생님께

선생님, 잘 지내셨어요? 연락을 자주 못 해서 죄송합니다. 학기 중에는 아르바이트를 해서 조금 바빴습니다. 지난주에 학기가 끝나고 방학을 했습니다. 이번 방학에는 인터넷으로 한국어 공부를 하고 있습니다. 선생님, 요즘도 방학이 되면 일본에 여행을 오세요? 선생님께서 일본에 오시면 경치가 아름다운 곳으로 제가 안내하겠습니다. 맛있는 일본 음식도 사 드리겠습니다. 여행을 오시기 전에 저에게 꼭 연락해 주세요. 또 연락 드리겠습니다. 그럼 안녕히 계세요.

유키 올림

크리스마스 지내다 죄송하다 학기 중 방학을 하다 안내하다 연락 연락드리다 올림

1 문장을 읽고 관계가 있는 것과 연결하십시오.

1) 아르바이트를 해서 조금 바빴습니다. • • ①

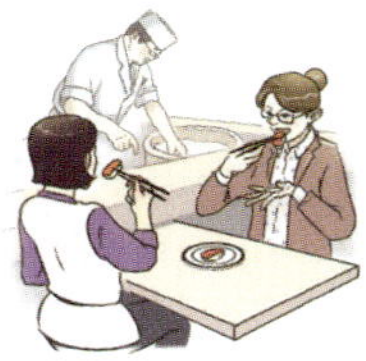

2) 인터넷으로 한국어 공부를 합니다. • • ②

3) 맛있는 일본 음식도 같이 먹고 싶습니다. • • ③

4) 일본에 오시면 제가 경치가 아름다운 곳으로 안내하겠습니다. • • ④

2 문장을 읽고 맞으면 ○, 틀리면 X 하십시오.

1) 지금은 방학 중입니다. (　　)
2) 학기 중에 인터넷으로 한국어를 공부했습니다. (　　)
3) 유키 씨는 방학 때 일본에 자주 갑니다. (　　)

3 질문을 읽고 알맞은 대답을 쓰십시오.

1) 누가 누구에게 쓴 편지입니까?

____

2) 이 사람은 왜 연락을 자주 못 했습니까?

이 사람은 ______________________

III. 들어 봅시다

1 문장을 듣고 먼저 한 것에 ✔하십시오.

1) ☐ 빨래 ☐ 요리

2) ☐ 숙제 ☐ 운동

3) ☐ 일 ☐ 공부

4) ☐ 식사 ☐ 쇼핑

2 대화를 듣고 맞는 것에 ✔하십시오.

1)

❶ ( ) ❷ ( )

2)

❶ ( ) ❷ ( )

3)

❶ ( ) ❷ ( )

4)

❶ ( ) ❷ ( )

[3-4] 대화를 듣고 질문에 답하십시오.

3 맞으면 ○, 틀리면 X 하십시오.

1) 두 사람은 베트남 음식을 먹었어요. ( )

2) 두 사람은 같이 시장에 갈 거예요. ( )

3) 두 사람은 살 것을 메모한 후에 시장에 가려고 해요. ( )

국수 채소 메모하다

4 대화를 완성하십시오.

가: 흐엉 씨, 베트남 음식을 ______ 갈까요?
나: 음… 같이 베트남 음식을 만들어서 먹는 건 어때요?
가: 좋아요. 그럼 국수와 채소를 사러 시장에 갈까요?
나: 네. 시장에 ______ 살 것을 종이에 씁시다.

[5-6] 대화를 듣고 질문에 답하십시오.

5 질문에 답하십시오.

1) 주앙 씨는 오늘 왜 기분이 좋아요? (　　　)
❶ 수업이 끝나서　❷ 방학을 해서　❸ 시험이 끝나서　❹ 고향으로 돌아가서

2) 주앙 씨는 오늘 뭘 하려고 해요?
주앙 씨는 ______

6 대화를 완성하십시오.

가: 시험이 끝나서 기분이 좋지요?
나: 네, 좋아요.
가: 오늘 뭘 할 거예요?
나: 고향에 돌아가기 전에 가족들에게 줄 선물을 사러 갈 거예요.
가: 언제 한국에 올 거예요?
나: ______ 올 거예요.
가: 주앙 씨, 방학에 말하기 연습을 자주 하세요.
나: 네, 말하기 연습도 하고 ______

Ⅳ. 따라해 봅시다

- 끝나고[끈나고]
- 붙는[분는]
- 지난주에 학기가 끝나고 방학을 했습니다.

Ⅴ. 정리해 봅시다

1. 방학하기 전에 무엇을 하고 싶습니까?
2. 방학에는 무엇을 하겠습니까?

말하기　연습　2급

20과 방학과 휴일

2. 휴일

MP3 / 58

• 학습목표: 휴일 관련 내용을 이해할 수 있다.

Ⅰ. 준비해 봅시다

듣고 알맞은 것을 연결하십시오.

1) •   • ① 어린이날

2) •   • ② 설날

3) •   • ③ 휴가

Ⅱ. 읽어 봅시다

여러분도 휴일을 좋아하지요? 휴일에는 학교도 쉬고 회사도 쉽니다.
그래서 사람들은 휴일을 기다립니다.
한국 사람들은 휴일에 무엇을 할 것 같습니까?
한국 사람들은 휴일에 취미 생활을 합니다.
영화도 보고 맛있는 음식을 파는 식당에도 갑니다. 여러 가지 운동도 하고요.
여행을 가는 사람들이 많아서 주말에는 교통이 복잡합니다.
휴일 저녁에 집에서 텔레비전을 보는 사람도 많습니다.
그래서 주말에 하는 텔레비전 프로그램은 인기가 많습니다.

어린이날 설날 휴가 휴일 취미 프로그램

1 한국 사람들이 휴일에 많이 하는 일이 아닌 것은 무엇입니까? (   )

① 영화를 봅니다.
② 식당에서 맛있는 음식을 먹습니다.
③ 여러 가지 운동을 합니다.
④ 집에서 공부를 합니다.

2 문장을 읽고 맞으면 ○, 틀리면 X 하십시오.

1) 한국 사람들은 휴일에도 일합니다. (   )
2) 한국 사람들은 휴일에 취미 생활을 합니다. (   )
3) 주말에 하는 텔레비전 프로그램은 인기가 많습니다. (   )

3 질문을 읽고 알맞은 대답을 쓰십시오.

1) 사람들은 왜 휴일을 기다립니까?
휴일에는 ______________________
2) 주말에 왜 교통이 복잡합니까?
____

20-2

III. 들어 봅시다

1 문장을 듣고 알맞은 것을 고르십시오.

1)

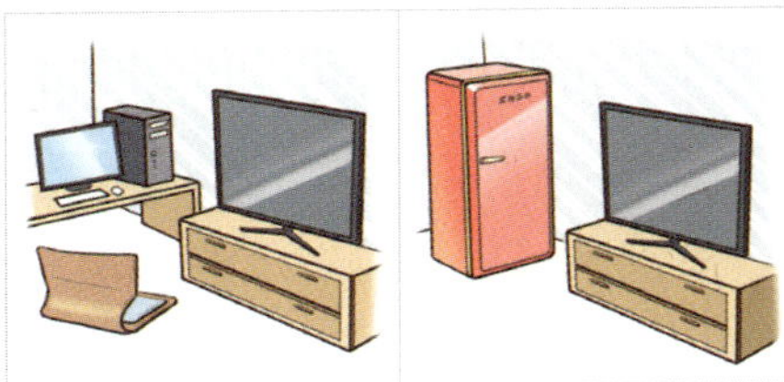

❶ (　　　)　❷ (　　　)

2)

❶ (　　　)　❷ (　　　)

3)

❶ (　　　)　❷ (　　　)

4)

❶ (　　　)　❷ (　　　)

2 질문을 듣고 맞는 대답을 고르십시오.

1) •　　　　• ❶ 정말 재미있지 않았어요?

2) •　　　　• ❷ 거기는 좀 비싸지 않아요?

3) •　　　　• ❸ 어렵지 않았어요?

4) •　　　　• ❹ 매운 것을 싫어하지 않아요?

[3-4] 대화를 듣고 질문에 답하십시오.

3 맞으면 O, 틀리면 X 하십시오.

1) 오늘은 휴일입니다. (　　　)

2) 흐엉 씨는 엔(N) 서울 타워에 가고 싶어 합니다. (　　　)

3) 한강공원은 경치가 아름답습니다. (　　　)

4 대화를 완성하십시오.

가: 흐엉 씨, 내일 휴일인데 같이 엔(N) 서울 타워에 갈까요?
나: 엔(N) 서울 타워는 너무 ________________ 우리 한강공원에 갈까요?
가: 한강공원은 어때요?
나: 경치가 아름다워요. 자전거도 ________________
가: 그래요? 그럼, 내일은 한강공원에 가요.

[5-6] 대화를 듣고 질문에 답하십시오.

5 질문에 답하십시오.

1) 올리비아 씨가 설날에 할 것을 고르십시오. (　　　)
   ① 집에서 쉴 거예요.　② 회사에서 일할 거예요.
   ③ 식당에서 아르바이트를 할 거예요.　④ 서울 구경을 할 거예요.
2) 레오 씨 식당은 어때요? ________________

6 대화를 완성하십시오.

가: 레오 씨, 이번 설날에 뭘 할거예요?
나: 일할 거예요. 우리 식당은 설날에 쉬지 않아요.
식당에 손님이 많아서 쉴 수 없어요.
가: 그래요? ________________
나: 올리비아 씨는 뭘 할 거예요?
가: 동생이 한국에 와서 동생하고 서울을 구경할 거예요.
나: 그럼 우리 식당에 오는 게 어때요? 음식이 아주 맛있어요. ________________
가: 그거 좋은 생각이에요.

Ⅳ. 따라해 봅시다

- 쉽니다[쉼니다]
- 쉽습니다[쉽씀니다]
- 휴일에는 학교도 쉬고 회사도 쉽니다.

Ⅴ. 정리해 봅시다

1. 여러분 나라의 휴일은 언제입니까?
2. 다음 휴일에 무엇을 하려고 합니까?

복습

MP3 / 59

1 대화를 듣고 대답하십시오.

1) **두 사람이 이야기하고 있는 시간은 언제입니까? (　　)**

① 방학하기 전　② 방학 중　③ 방학 끝난 후　④ 여행 중

2) **들은 내용과 같은 것을 고르십시오. (　　)**

① 메리 씨는 방학하면 아르바이트를 할 계획입니다.
② 메리 씨 고향은 수원입니다.
③ 메리 씨는 금요일에 수원에 가려고 합니다.
④ 메리 씨는 이번 주에 고향에 갑니다.

3) **두 사람은 수원에 가서 무엇을 먹을 계획입니까?**

2 다음 글을 읽고 질문에 답하십시오.

저는 서울에서 가까운 곳을 여행하려고 합니다.
방학이 끝나기 전에 수원, 용인, 춘천에 갈 계획을 세우고 있습니다.
저는 수원에 가면 수원 화성을 구경하고 갈비도 먹겠습니다.
용인에는 놀이공원과 민속촌이 있어서 친구들과 꼭 같이 가고 싶습니다.
춘천은 산과 호수, 강을 모두 구경할 수 있고 경치가 아름답습니다.
닭갈비와 막국수도 맛있습니다.
모두 서울에서 한 시간 안에 갈 수 있어서 교통이 편합니다.

수원 화성　용인　민속촌　막국수

1) **무엇에 대한 이야기입니까? (　　)**

❶ 서울 여행　❷ 가족 여행　❸ 여행 날씨　❹ 여행 계획

2) **이 글의 내용과 같은 것을 고르십시오. (　　)**

❶ 수원은 막국수가 맛있습니다.
❷ 용인에는 스키장이 있습니다.
❸ 춘천에는 산과 바다가 있습니다.
❹ 세 곳 모두 서울에서 한 시간 안에 갈 수 있습니다.

문화

관광지

제주 성읍민속마을

경주 첨성대

전주 한옥마을

여러분은 한국에서 어디에 가고 싶습니까? 한국에는 아름다운 관광지가 많습니다. 제주도는 한국 사람들이 사랑하는 아름다운 섬입니다. 제주도뿐만 아니라 설악산, 거제, 담양, 보성 등 아름다운 관광지가 많습니다. 그 외에도 국제 영화제로 알려진 부산, 한국의 전통 문화와 역사를 느낄 수 있는 전주, 경주, 안동 등이 유명합니다.

부록

모범 답안
색인

모범 답안

한글[1]

I. 모음

• 들어 봅시다

1. 듣고 소리가 같으면 O, 다르면 X표 하십시오.
1) X　2) O　3) O　4) O　5) X　6) O

2. 듣고 맞는 것을 고르십시오.
1) ① 아　2) ② 오　3) ③ 으
4) ② 에　5) ③ 외　6) ③ 위

II. 자음

• 들어 봅시다

1. 듣고 소리가 같으면 O, 다르면 X표 하십시오.
1) X　2) O　3) X　4) O　5) X　6) O

2. 듣고 맞는 것을 고르십시오.
1) ① 가　2) ① 노　3) ③ 래
4) ① 누구　5) ② 가게　6) ① 도로

• 들어 봅시다

3. 듣고 소리가 같으면 O, 다르면 X표 하십시오.
1) O　2) X　3) X　4) O　5) X　6) X

4. 듣고 맞는 것을 고르십시오.
1) ② 무　2) ③ 쥐　3) ① 가다
4) ① 매우　5) ① 서리　6) ③ 어버이

• 들어 봅시다

5. 듣고 소리가 같으면 O, 다르면 X표 하십시오.
1) O　2) X　3) O　4) O　5) X　6) X

6. 듣고 맞는 것을 고르십시오.
1) ① 티　2) ② 코　3) ① 차다
4) ③ 호두　5) ② 포수　6) ③ 후추

한글[2]

I. 모음[2]

1. 듣고 소리가 같으면 O, 다르면 X표 하십시오.
1) O　2) X　3) X　4) X　5) O　6) O

2. 듣고 맞는 것을 고르십시오.
1) ③ 규　2) ② 회　3) ① 왜
4) ① 여자　5) ② 여유　6) ① 교수

II. 자음[2]

1. 듣고 소리가 같으면 O, 다르면 X표 하십시오.
1) X　2) X　3) O　4) X　5) O　6) O

2. 듣고 맞는 것을 고르십시오.
1) ③ 따　2) ① 시　3) ③ 짜다
4) ② 피다　5) ② 끼다　6) ① 떼다

한글[3]

• 들어 봅시다

1. 듣고 소리가 같으면 O, 다르면 X표 하십시오.
1) O　2) X　3) O　4) O　5) O　6) X

2. 듣고 맞는 것을 고르십시오.
1) ③ 강　2) ② 별　3) ① 독
4) ① 점　5) ③ 싶다　6) ① 전신

3. 듣고 연결하십시오.

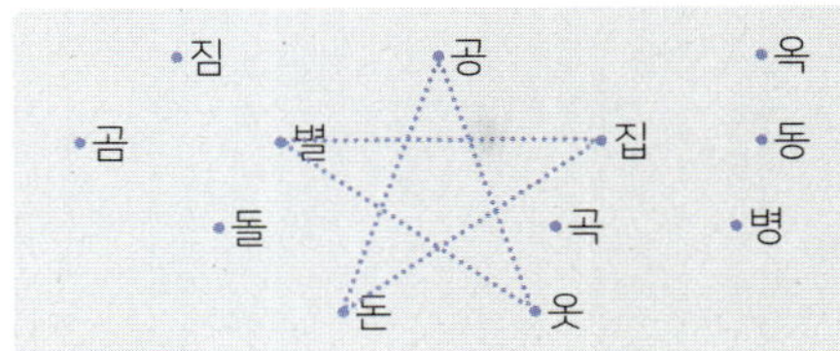

1-1 인사

I. 준비해 봅시다
1) ①　2) ②　3) ⑥　4) ⑦　5) ⑤　6) ③　7) ④

II. 읽어 봅시다
1. 1) ③　2) ②　3) ①
2. 1) O　2) X
3. 제임스, 영국

III. 들어 봅시다
1. 1) ③　2) ④　3) ①　4) ②
2. 1) 리타오, 중국　2) 올리비아, 호주
3) 정하늘, 한국　4) 존, 케냐
3. 1) O　2) X
4. 네, 일본
5. 1) 리타오, 중국　2) 노라, 노르웨이
6. 안녕하십니까?, 중국 사람입니다.

1-2 직업

I. 준비해 봅시다
1) ②　2) ①　3) ②　4) ①

II. 읽어 봅시다
1. 1) ②　2) ③　3) ①
2. 1) X　2) O
3. 제시카, 호주, 기자

III. 들어 봅시다
1. 1) ②　2) ①　3) ①　4) ②
2. 1) 리타오　2) 독일　3) 요리사　4) 기자
3. 1) O　2) X
4. 러시아, 배우
5. 1) ②　2) 학생입니다.
6. 베트남 사람이 아닙니다.
회사원이 아닙니다.

2-1 교실 물건

I. 준비해 봅시다

1) X (의사입니다.) 2) O (시계입니다.)
3) O (달력입니다.) 4) X (그림입니다.)

II. 읽어 봅시다

1. 1) ③
2. 1) O 2) O 3) X
3. 1) 제 책상
   2) 한국 지도

III. 들어 봅시다

1. 1) ② 2) ① 3) ④ 4) ③
2. 1) ① 2) ② 3) ① 4) ①
3. 1) X 2) X
4. 이것이, 저것이
5. 1) ③ 2) 한국 지도입니다.
6. 달력이 아닙니다.
   네, 한국 지도입니다.

2-2 내 물건

I. 준비해 봅시다

1. 1) ○ (연필입니다.) 2) X (가방입니다.)
   3) ○ (지갑입니다.)

II. 읽어 봅시다

1. 1) ①, ④ 2) ②, ③
2. 1) X 2) ○ 3) X
3. 1) 지갑, 휴대전화가
   2) 안경, 휴지가

III. 들어 봅시다

1. 1) ③ 2) ② 3) ④ 4) ①
2. 1) ① 2) ② 3) ① 4) ①
3. 1) ○ 2) ○
4. 컴퓨터가, 없습니다.
5. 1) ②, ④ 2) 물이 없습니다.
6. 주스도 있습니까?
   물은 없습니다.

◆ 복습

1. 다음을 읽고 질문에 답하십시오.
   1) ②
   2) ③
   3) ㉮:(이름) ㉯:(사람) ㉰:(책상)

2. 대화를 듣고 대답하십시오.
   1) ③
   2) ②

3-1 학생회관

I. 준비해 봅시다

1) O 2) X 3) X 4) O

II. 읽어 봅시다

1. 1) ③ 2) ② 3) ①
2. 1) X 2) X 3) X
3. 1) 학생회관 옆 2) 기숙사 안

III. 들어 봅시다

1. 1) ① 2) ② 3) ① 4) ①
2. 1) 은행 2) 편의점 3) 서점 4) 사무실
3. 1) X 2) X
4. 뒤, 안
5. 1) ①, ③ 2) 사무실 옆
6. 사무실 옆
   지도는 없습니다.

3-2 우리 학교

I. 준비해 봅시다

1) ② 2) ① 3) ① 4) ②

II. 읽어 봅시다

1. 1) ② 2) ③ 3) ①
2. 1) ○ 2) X 3) X
3. 1) 도서관과 학생회관이 2) 가게가

III. 들어 봅시다

1. 1) ① 2) ② 3) ① 4) ②
2. 1) ② 2) ① 3) ④ 4) ③
3. 1) X 2) ○
4. 큽니까?, 침대하고 책상이
5. 1) ④ 2) 조용합니다.
6. 은행하고 커피숍이 있습니다.
   시끄럽습니다.

4-1 친구

I. 준비해 봅시다

1) O (책을 읽습니다.) 2) X (칠판을 봅니다.)
3) O (이름을 씁니다.) 4) O (공책을 삽니다.)

II. 읽어 봅시다

1. 1) ② 2) ① 3) ① 4) ②
2. 1) O 2) X 3) X
3. 1) 미국 2) 한국말을

III. 들어 봅시다

1. 1) ② 2) ① 3) ④ 4) ③
2. 1) ② 2) ① 3) ② 4) ②
3. 1) X 2) X
4. 누구, 왔습니까?

5. 1) ④ 2) 영어를
6. 기숙사 친구입니다.
저는 미국에서 왔습니다.

4-2 기숙사 친구

Ⅰ. 준비해 봅시다
1. 1) ④ 2) ② 3) ① 4) ③

Ⅱ. 읽어 봅시다
1. 1) ④ 2) ③ 3) ⑤ 4) ① 5) ②
2. 1) X 2) X 3) O
3. 1) 방에서 2) 친구와 같이

Ⅲ. 들어 봅시다
1. 1) X 2) O 3) X 4) O
2. 1) ② 2) ① 3) ② 4) ②
3. 1) O 2) X
4. 도서관에서, 같이
5. 1) ③ 2) 넓습니다.
6. 어디에서 산책을 합니까?
누구하고 같이

◆ 복습

1. 대화를 듣고 대답하십시오.
1) ②
2) ①
3) 한국말을 공부합니다.

2. 다음을 읽고 질문에 답하십시오.
1) ②
2) ④

5-1 고향

Ⅰ. 준비해 봅시다
1. 1) O 2) X 3) O 4) X

Ⅱ. 읽어 봅시다
1. 1) ② 2) ① 3) ③
2. 1) O 2) X 3) O
3. 1) 산, 강 2) 고향

Ⅲ. 들어 봅시다
1. 1) ③ 2) ④ 3) ② 4) ①
2. 1) 강 근처, 산책 2) 바다, 수영
3) 산, 등산 4) 호수, 수영
3. 1) O 2) X 3) O
4. 고향, (고향) 친구를
5. 1) ①, ③ 2) (같이) 놀고 싶어 합니다.
6. 어디에 갑니까?
무엇을 하고 싶습니까?

5-2 제주도

Ⅰ. 준비해 봅시다
1) ① 2) ② 3) ② 4) ①

Ⅱ. 읽어 봅시다
1. 1) ③ 2) ① 3) ②
2. 1) X 2) O 3) X
3. 1) 제주도 2) 친절합니다.

Ⅲ. 들어 봅시다
1. 1) ② 2) ① 3) ① 4) ②
2. 1) 깨끗하다, 아름답다 2) 넓다, 조용하다
3) 작다, 예쁘다 4) 친절하다, 재미있다
3. 1) X 2) X 3) O
4. 큽니까?, 아름답습니다.
5. 1) ② 2) 복잡하지 않습니다.
6. 고향이 어디입니까?
깨끗하고 조용합니다.

6-1 수업 시간

Ⅰ. 준비해 봅시다
1) ② (한 시입니다.) 2) ③ (열한 시입니다.)
3) ④ (여덟 시 반입니다) 4) ① (아홉 시입니다.)

Ⅱ. 읽어 봅시다
1. 1) ② 2) ④ 3) ① 4) ③
2. 1) O 2) X 3) X
3. 1) 8시에 2) 9시에

Ⅲ. 들어 봅시다
1. 1) ② 2) ① 3) ① 4) ②
2. 1) ③-㉰ 2) ①-㉯ 3) ④-㉮ 4) ②-㉱
3. 1) O 2) X
4. 4시까지, 5시 반에
5. 1) ③ 2) 6시에 숙제를 합니다.
6. 오후에 무엇을 합니까?
6시에는 무엇을 합니까?

6-2 학교생활

Ⅰ. 준비해 봅시다
1) ③ 2) ② 3) ①

Ⅱ. 읽어봅시다
1. 1) ③ 2) ④ 3) ② 4) ①
2. 1) X 2) X 3) O
3. 1) 9시 50분부터 10시까지
2) 편의점에

Ⅲ. 들어봅시다
1. 1) ② 2) ① 3) ④ 4) ③
2. 1) ① 2) ③ 3) ② 4) ④

3. 1) X   2) ○
4. 3시 30분, 기다릴까요?
5. 1) ②   2) 472 번
6. 472 번 버스가 백화점에 갑니다.
   여기에서 타십시오.

◆ 복습

1. 다음을 읽고 질문에 답하십시오.
   1) ①
   2) ③
   3) ㉮:(잘) ㉯:(같이)

2. 대화를 듣고 대답하십시오.
   1) ③
   2) ④

7-1 음식

I. 준비해 봅시다
   1) ② (저는 냉면을 좋아합니다.)
   2) ④ (저는 김치찌개를 좋아합니다.)
   3) ① (저는 삼계탕을 좋아합니다.)
   4) ③ (저는 닭갈비를 좋아합니다.)

II. 읽어 봅시다
   1. 1) ③   2) ②   3) ①
   2. 1) X   2) O   3) O
   3. 1) 요리를   2) 오늘 한식(비빔밥)을

III. 들어 봅시다
   1. 1) ②   2) ①   3) ①   4) ②
   2. 1) ③   2) ④   3) ②   4) ①
   3. 1) O   2) X   3) X
   4. 무슨 음식을, 만듭니까?
   5. 1) ②   2) (윤아 씨는) 유자차를
   6. 무슨 커피를
      시고 답니다.

7-2 음식 주문

I. 준비해 봅시다
   1) X   2) O   3) X   4) O   5) X

II. 읽어 봅시다
   1. 1) ②   2) ③   3) ①
   2. 1) X   2) O   3) X
   3. 1) 10층   2) 한 판, 두 잔을

III. 들어 봅시다
   1. 1) ③   2) ④   3) ①   4) ②
   2. 1) ②   2) ③   3) ④   4) ①
   3. 1) O   2) O   3) X
   4. 먹고 싶습니까?, 먹을까요?
   5. 1) ③   2) 갈비하고 냉면을 먹습니다.
   6. 갈비를 먹을까요?
      갈비 2인분하고 냉면 하나

8-1 10월

I. 준비해 봅시다
   1) ② (삼월 사 일에 수영을 해요.)
   2) ① (유월 육 일은 월요일이에요.)
   3) ① (팔월 이십 일은 리타오 씨 생일이에요.)
   4) ② (금요일 오전에 한국 친구를 만나요.)

II. 읽어 봅시다
   1. 1) ②   2) ①   3) ③
   2. 1) O   2) O   3) X
   3. 1) 10월 9일이에요.   2) 10월 16일에 한국에 와요.

III. 들어 봅시다
   1. 1) ③   2) ②   3) ④   4) ①
   2. 1) ①   2) ②   3) ②   4) ②
   3. 1) X   2) O   3) O
   4. 금요일, 생일이에요.
   5. 1) ①   2) 토요일에 같이 공부해요.
   6. 언제 시험을 봐요?
      무슨 요일이에요?

8-2 하루 생활

I. 준비해 봅시다
   1) ③ (윤아 씨가 11시에 자요.)
   2) ④ (윤아 씨가 세수해요.)
   3) ② (윤아 씨가 7시에 일어나요.)
   4) ① (윤아 씨가 이를 닦아요.)

II. 읽어 봅시다
   1. (⑦)-(①)-(④)-(⑤)-(②)-(⑧)-(⑥)-(③)
   2. 1) X   2) X   3) ○
   3. 1) 9시까지   2) 일이 끝나고

III. 들어 봅시다
   1. 1) ②   2) ①   3) ④   4) ③
   2. 1) (①)→(④)   2) (②)→(⑥)
      3) (⑤)→(⑦)   4) (③)→(⑧)
   3. 1) X   2) ○
   4. 끝나고, 대사관에 가요.
   5. 1) ③   2) 저녁을 먹어요.
   6. 오늘은 하지 않아요.
      공원에서 좀 걸어요.

◆ 복습

1. 1) ②   2) ③
   3) ① 삼겹살, 5 인분 ② 냉면, 3 그릇

2. 1) (③)→(①)→(④)→(⑤)→(②)
2) ③

9-1 주말

Ⅰ. 준비해 봅시다
1) O 2) X 3) O 4) X

Ⅱ. 들어 봅시다
1. 1) ② 2) ① 3) ④ 4) ③
2. 1) 축구 2) 날씨 3) 음식 4) 도서관
3. 1) O 2) O 3) X
4. 치러, 비싸지만
5. 1) ④
2) 주말에 수영장
작지만 깨끗합니다.
6. 운동을 해요.
농구를 하러 공원에 자주 가요.

Ⅲ. 읽어 봅시다
1. 1) ① 2) ③ 3) ②
2. 1) O 2) O 3) X
3. 1) 축구, 농구 2) 서핑, 스키를 탑니다.

9-2 주말 계획

Ⅰ. 준비해 봅시다
1) O 2) X 3) X 4) O

Ⅱ. 읽어 봅시다
1. 하늘: (③) → (⑤) → (①)
존: (②) → (④)
2. 1) O 2) X 3) O
3. 1) 점심을 먹고 노래방에 갈 거예요.
2) 여자 친구하고

Ⅲ. 들어 봅시다
1. 1) ③ 2) ① 3) ④ 4) ②
2. 1) ② 2) ③ 3) ④ 4) ①
3. 1) O 2) O 3) X
4. 공부할 거예요, 시끄럽지 않아요.
5. 1) ① 2) 아주 아름다워요.
6. 갈 거예요.
수영도 할 거예요.

10-1 일기

Ⅰ. 준비해 봅시다
1) O 2) O 3) O 4) X

Ⅱ. 읽어 봅시다
1. 1) ① 2) ① 3) ② 4) ②
2. 1) X 2) O 3) O
3. 1) 많고 복잡했습니다. 2) 인사동에 안 갔습니다.

Ⅲ. 들어 봅시다
1. 1) ② 2) ① 3) ① 4) ②
2. 1) ③ 2) ② 3) ④ 4) ①
3. 1) X 2) O 3) X
4. 어땠어요?, 맛있었어요
5. 1) ② 2) 생선회를 먹었어요.
6. 지난 주말에 뭘 했어요?
제주도 여행이 어땠어요?

10-2 리타오의 하루

Ⅰ. 준비해 봅시다
1) 영화표, 기차표, 콘서트 표 2) 식당, 호텔

Ⅱ. 들어 봅시다
1. 1) ① 2) ④ 3) ③ 4) ②
2. 1) ③ 2) ① 3) ④ 4) ②
3. 1) X 2) O 3) O
4. 보지 못했어요, 일이 많아서
5. 1) ② 2) 남대문시장을 구경했습니다.
6. 부산에 가지 못했어요.
그럼 주말에 뭘 했어요?

Ⅲ. 읽어 봅시다
1. 1) ③ 2) ④ 3) ② 4) ①
2. 1) X 2) O 3) X
3. 1) 늦게 일어나서 2) 식당에 사람이 많아서

◆ 복습

1. 다음을 읽고 질문에 답하십시오.
1) ②
2) ㉮:(그렇지만) ㉯:(그래서)
3) ③

2. 대화를 듣고 대답하십시오.
1) ③
2) ①

11-1 약속

Ⅰ. 준비해 봅시다
1) O 2) X 3) X 4) O

Ⅱ. 들어 봅시다
1. 1) ② 2) ① 3) ④ 4) ③
2. 1) 숙제 2) 수업 3) 영화 4) 요리
3. 1) O 2) X 3) O
4. 있으니까, (단어) 공부를 한 후에
5. 1) ① 2) 이번 토요일 오후 1시, 호세 씨 집 근처 공원 앞
6. 숙제가 좀 많으니까,
축구를 한 후에 저녁도 같이 먹을까요?

Ⅲ. 읽어 봅시다

1. (1) → (2) → (5) → (4) → (3)
2. 1) O 2) O 3) X
3. 1) 조용하니까 2) 영화를 본 후에 쇼핑을 하고

11-2 주말 약속

Ⅰ. 준비해 봅시다

1) ② (그림을 보고 싶어요.)
2) ③ (커피를 마시러 가요.)
3) ① (주말에 보통 영화를 보러 가요.)
4) ④ (친구하고 같이 놀러 가고 싶어요.)

Ⅱ. 읽어 봅시다

1. ④, ⑥
2. 1) O 2) O 3) X
3. 1) 놀이공원 2) 여러 가지 놀이기구를 탔습니다.

Ⅲ. 들어 봅시다

1. 1) 두 시, 세 시 2) 청소, 등산
   3) 된장찌개, 삼계탕 4) 카페, 영화관
2. 1) ① 2) ① 3) ② 4) ①
3. 1) O 2) O 3) X
4. 시간이 있는데, 10시나 11시쯤에
5. 1) ①, ④ 2) 쇼핑을 하고
6. 결혼을 하는데 같이 갈까요?
   명동이나 남대문시장에 갈까요?

12-1 가족 이야기

Ⅰ. 준비해 봅시다

1) ③ (동생이 밥을 먹습니다.)
2) ④ (누나가 책을 읽습니다.)
3) ② (할머니는 일본에 계십니다.)
4) ① (아버지는 회사원이십니다.)

Ⅱ. 읽어 봅시다

1. 1) ② 2) ④ 3) ③ 4) ①
2. 1) O 2) X 3) X
3. 1) 다섯 명입니다. 2) 영어를 가르치십니다.

Ⅲ. 들어 봅시다

1. 1) ② 2) ① 3) ① 4) ①
2. 1) ③-㉯ 2) ④-㉰
   3) ①-㉮ 4) ②-㉱
3. 1) O 2) X 3) X
4. 형제가, 여동생이
5. 1) ① 2) 베트남 하노이에 계십니다.
6. 부모님께서 어디에 계십니까?
   어머니께서 한국에 오십니까?

12-2 우리 할머니

Ⅰ. 준비해 봅시다

1) ○ 2) X 3) ○

Ⅱ. 읽어 봅시다

1. 1) ② 2) ① 3) ④ 4) ③
2. 1) ○ 2) X 3) X
3. 1) 한국 가수를 좋아하셔서 많이 들으세요.
   2) 한국 음식도 먹으러 갈 거예요.

Ⅲ. 들어 봅시다

1. 1) ① 2) ② 3) ① 4) ②
2. 1) ② 2) ④ 3) ③ 4) ①
3. 1) X 2) ○ 3) X
4. 선생님이세요, 자주 그리세요.
5. 1) ③ 2) 창덕궁에 갈 거예요.
6. 사진을 많이 찍으세요.
   삼계탕이 맵지 않으니까 삼계탕을 드세요.

◆ 복습

1. 대화를 듣고 대답하십시오.
   1) ③
   2) ①
   3) 다음 주 토요일에 제주도에 갑니다.

2. 다음을 읽고 질문에 답하십시오.
   1) ②
   2) ①

13-1 동대문시장

Ⅰ. 준비해 봅시다

1) X 2) O 3) X 4) O

Ⅱ. 들어 봅시다

1. 1) ② 2) ① 3) ① 4) ①
2. 1) ① 2) ② 3) ② 4) ①
3. 1) O 2) O 3) X
4. 긴 바지보다, 짧은 바지를
5. 1) ② 2) 쇼핑을 하러
6. 예쁜 옷가게가 많아요.
   긴 코트를

Ⅲ. 읽어 봅시다

1. 1) ② 2) ① 3) ③
2. 1) O 2) O 3) X
3. 1) 예쁘고 좋습니다.
   (다른 시장보다) 비싸지 않습니다.
   2) (값이) 싸고 아주 예뻐서

13-2 쇼핑

Ⅰ. 준비해 봅시다

1) O　2) X　3) O　4) X　5) X

Ⅱ. 읽어 봅시다

1. ②
2. 1) X　2) X　3) O
3. 1) ①　2) 피곤했지만 재미있는 하루였습니다.

Ⅲ. 들어 봅시다

1. 1) ②　2) ②　3) ①　4) ①
2. 1) ①　2) ②　3) ①　4) ②
3. 1) X　2) O　3) X
4. 가는 곳이, 세 켤레에
5. 1) ④　2) 만 원입니다.
6. 세 시간에 얼마예요?
   여자들이 많이 입는 한복이

14-1 생일 선물

Ⅰ. 준비해 봅시다

1) ② (상품권을 샀어요.)　2) ④ (인형을 줄 거예요.)
3) ③ (액세서리를 좋아해요.)　4) ① (소설책을 자주 읽어요.)

Ⅱ. 읽어 봅시다

1. (⑤) → (①) → (④) → (③) → (②)
2. 1) O　2) X　3) O
3. 1) 남자 친구에게 줄 선물을 샀습니다.
   2) 선물을 사러 백화점에 갔습니다.

Ⅲ. 들어 봅시다

1. 1) ①　2) ①　3) ①　4) ②
2. 1) O　2) X　3) O　4) O
3. 1) X　2) O　3) O
4. 윤아 씨에게, 액세서리를
5. 1) ②　2) 어머니께 선물할 거예요.
6. 어머니께 드릴 선물을 사러
   어머니가 한국 화장품을 좋아하세요.

14-2 생일 파티

Ⅰ. 준비해 봅시다

1) X (노라 씨가 노래를 부릅니다.)
2) ○ (노라 씨가 케이크를 자릅니다.)
3) X (노라 씨가 선물을 고릅니다.)
4) ○ (노라 씨가 카드를 씁니다.)

Ⅱ. 읽어 봅시다

1. (④) → (②) → (①) → (⑤) → (⑥) → (③)
2. 1) X　2) ○　3) ○
3. 1) 좋아해서 샀습니다.
   2) 우리가 고른 선물을 좋아했습니다.

Ⅲ. 들어 봅시다

1. 1) ③　2) ④　3) ②　4) ①
2. 1) ②　2) ①　3) ②　4) ②
3. 1) ○　2) ○　3) X
4. 준비한, 골랐어요.
5. 1) ④　2) 유키 씨가 골랐습니다.
6. 학교 앞에 있는
   선물한 책은 누가 골랐어요?

◆ 복습

1. 다음을 읽고 질문에 답하십시오.
   1) (①) → (③) → (②) → (④)
   2) ④
   3) ㉮:(그래서) ㉯:(그리고)

2. 대화를 듣고 대답하십시오.
   1) ②
   2) ③

15-1 전화번호

Ⅰ. 준비해 봅시다

1) ② (한국은 82이고 미국은 1입니다.)
2) ③ (02-2123-7890입니다.)
3) ① (음악도 듣고 인터넷도 합니다.)
4) ④ (서울은 02이고 부산은 051입니다.)

Ⅱ. 읽어 봅시다

1. (1) → (5) → (4) → (3) → (2) → (6)
2. 1) X　2) O　3) O
3. 1) 대사관에 일이 많아서
   2) 김 선생님 전화번호를 알고 싶어서(몰라서)

Ⅲ. 들어 봅시다

1. 1) ①　2) ①　3) ②　4) ②
2. 1) 날씨　2) 김치찌개　3) 영화　4) 도서관
3. 1) X　2) O　3) O
4. 010-2123-1004, 가르쳐 주세요.
5. 1) ④　2) 사진을 많이 찍고 싶어 합니다.
6. 보여 주세요.
   010 - 6029 - 0717

15-2 전화

Ⅰ. 준비해 봅시다

1) ③ (에릭 씨가 전화를 걸어요)
2) ④ (에릭 씨가 전화를 끊어요.)
3) ① (에릭 씨가 전화를 받아요.)
4) ② (에릭 씨가 문자메시지를 보내요.)

Ⅱ. 읽어 봅시다

1. ④
2. 1) O　2) X　3) X
3. 1) 주말에 일이 있어서　2) 오후 7시

Ⅲ. 들어 봅시다

1. 1) ③ 2) ④ 3) ② 4) ①
2. 1) ② 2) ① 3) ① 4) ②
3. 1) O 2) X 3) O
4. 선생님에게서, 등산을 갈 수 없어요.
5. 1) ① 2) 신촌 백화점 앞입니다.
6. 전화 받을 수 있어요?
   하늘 씨한테서 전화 받았어요?

16-1 교통

Ⅰ. 준비해 봅시다

1) ④ 2) ③ 3) ① 4) ②

Ⅱ. 들어 봅시다

1. 1) ① 2) ① 3) ② 4) ①
2. 1) X 2) X 3) O 4) O
3. 1) X 2) O 3) O
4. 지하철로, 20분쯤
5. 1) ② 2) 부모님과 같이 부산에 갈 거예요.
6. 기차로 갈 거예요?
   서울에서 부산까지 비행기로 50분쯤 걸려요.

Ⅲ. 읽어 봅시다

1. (①) → (③) → (④) → (②)
2. 1) O 2) X 3) O
3. 1) 택시로 40분쯤 걸렸습니다.
   2) 한국말로 이야기할 수 있어서

16-2 공항버스

Ⅰ. 준비해 봅시다

1) ③ 2) ① 3) ②

Ⅱ. 읽어 봅시다

1. 1) ②, ④ 2) ①, ③
2. 1) X 2) O 3) O
3. 1) 친구를 만나러 갔습니다. 2) 15분마다 옵니다.

Ⅲ. 들어 봅시다

1. 1) ② 2) ③ 3) ① 4) ④
2. 1) ② 2) ① 3) ② 4) ①
3. 1) O 2) O 3) X
4. 고속버스터미널, 40분마다
5. 1) ② 2) 한 시간마다 있습니다.
6. 서울역에서 타야 해요.
   경주역까지 가는 기차는 한 시간마다 있어요.

◆ 복습

1. 1) ② 2) ③ 3) 337-9124
2. 1) ④ 2) ③

17-1 이태원

Ⅰ. 준비해 봅시다

1) X 2) X 3) O 4) O

Ⅱ. 들어 봅시다

1. 1) ③ 2) ① 3) ② 4) ④
2. 1) 공항 2) 버스 3) 영화 4) 시장
3. 1) O 2) O 3) X
4. 왼쪽으로, 5분쯤 가면
5. 1) ① 2) 지하철 3호선을, 신사역, 오른쪽으로
6. 똑바로 가면, 걸어서 10분쯤 걸려요.

Ⅲ. 읽어 봅시다

1. 1) ② 2) ④ 3) ① 4) ③
2. 1) O 2) X 3) X
3. 1) 아주 크고 아름답습니다.
   2) 오른쪽으로 50미터쯤 걸으면

17-2 길 안내

Ⅰ. 준비해 봅시다

1) ④ (육교로 건너세요.) 2) ① (횡단보도로 건너세요.)
3) ② (지하도로 내려가세요.) 4) ③ (3번 출구로 나오세요.)

Ⅱ. 읽어 봅시다

1. ②
2. 1) O 2) X 3) X
3. 1) 문자 메시지로 가르쳐 줬습니다.
   2) 편의점이 있습니다.

Ⅲ. 들어 봅시다

1. 1) ③ 2) ④ 3) ① 4) ②
2. 1) 물건 2) 시간 3) 사람 4) 장소
3. 1) O 2) O 3) X
4. 안경점 앞, 횡단보도를 건너서
5. 1) ① 2) 청계천 쪽으로 50m쯤 가면 호텔이 있습니다.
6. 4번 출구로 나와서
   횡단보도요?

18-1 날씨

Ⅰ. 준비해 봅시다

1) ① (날씨가 흐리니까 우산을 준비하세요.)
2) ③ (날씨가 맑아서 빨래를 했어요.)
3) ④ (바람이 많이 부니까 창문을 닫으세요.)
4) ② (눈이 와서 눈싸움을 했어요.)

Ⅱ. 읽어 봅시다

1. 1) ② 2) ③ 3) ① 4) ④
2. 1) X 2) O 3) X
3. 1) 아주 아름다웠습니다.
   2) 고향 친구들에게 보내 주고 싶어서

Ⅲ. 들어 봅시다

1. 1) ④ 2) ③ 3) ② 4) ①
2. 1) ③ 2) ① 3) ② 4) ④
3. 1) O 2) X 2) O
4. 아름답군요., 추울 것 같아요.
5. 1) ④ 2) 조금 더울 것 같습니다.
6. 덥지 않아서 좋아요.
   요리하는 게 힘들었어요.

18-2 사계절

Ⅰ. 준비해 봅시다

1) ④ (친구들과 눈싸움을 해요.)
2) ② (가족들과 해수욕장에 가요.)
3) ③ (산에 단풍 구경을 하러 가요.)
4) ① (예쁜 꽃이 많이 피어서 소풍을 가요.)

Ⅱ. 읽어 봅시다

1. 1) ①, ③, ⑥ 2) ②, ④, ⑤
2. 1) ○ 2) ○ 3) X
3. 1) 예쁜 꽃이 많습니다. 2) 산에서 단풍 구경을 합니다.

Ⅲ. 들어 봅시다

1. 1) ③ 2) ④ 3) ① 4) ②
2. 1) ② 2) ③ 3) ① 4) ④
3. 1) X 2) ○ 3) ○
4. 오는 것 같아요, 먹으면서
5. 1) ④ 2) 눈사람도 만들고 눈싸움도 할 겁니다.
6. 정말 아름다운 것 같아요.
   눈싸움도 하면서 놀아요.

◆ 복습

1. 다음을 읽고 질문에 답하십시오.
   1) ②
   2) ④
   3) ㉮ (겨울) ㉯ (여름) ㉰ (운동)

2. 대화를 듣고 대답하십시오.
   1) ④
   2) ②

19-1 여행 계획

Ⅰ. 준비해 봅시다

1) ② (크고 깨끗하지만 아주 비싸요.)
2) ④ (여러 나라에서 온 친구들과 만날 수 있어요.)
3) ① (집주인이 아침밥을 줘요.)
4) ③ (친구들과 같이 요리를 할 수 있어서 좋아요.)

Ⅱ. 읽어 봅시다

1. 1) 서울: ②, ④ 2) 여행사: ③ 3) 강릉: ①, ⑤
2. 1) O 2) X 3) X
3. 1) (일을 하면서 한국말 공부도 해서) 바쁘니까
   2) 설악산과 바다가 가까워서

Ⅲ. 들어 봅시다

1. 1) ① 2) ① 3) ② 4) ②
2. 1) ② 2) ② 3) ① 4) ②
3. 1) O 2) X 3) X
4. 가려고 해요., 자는 게 어때요?
5. 1) ①, ③
   2) (같이) 싸고 외국 사람들에게 한국 요리를 가르쳐 줍니다.
6. 게스트하우스에 있을 거예요.
   여행을 가는 게 어때요?

19-2 여행 준비

Ⅰ. 준비해 봅시다

1) ① (여권이 있어야 합니다.)
2) ① (약을 샀어요.)
3) ② (휴대 전화 충전기를 준비하세요.)
4) ① (가방을 싸고 있어요.)

Ⅱ. 읽어 봅시다

1. ①
2. 1) ○ 2) X 3) X
3. 1) 레이첼 씨 부모님께 드릴 선물을 사려고 합니다.
   2) 인터넷으로 비행기 표를 샀습니다.

Ⅲ. 들어 봅시다

1. 1) ② 2) ② 3) ① 4) ①
2. 1) ② 2) ① 3) ② 4) ①
3. 1) X 2) O 3) X
4. 못 했어요, 못 하고 있어요.
5. 1) ③ 2) 호텔에서 충전기를 빌릴 수 있습니다.
6. 지금 싸고 있어요.
   충전기를 빌릴 수 있어요.

20-1 방학

Ⅰ. 준비해 봅시다

1) X 2) X 3) O 4) X

Ⅱ. 읽어 봅시다

1. 1) ② 2) ④ 3) ① 4) ③
2. 1) O 2) X 3) X
3. 1) 유키가 선생님께 쓴 편지입니다.
   2) 바빠서 연락을 자주 못 했습니다.

Ⅲ. 들어 봅시다

1. 1) 빨래 2) 숙제 3) 공부 4) 식사
2. 1) ② 2) ① 3) ① 4) ②
3. 1) X 2) O 2) O
4. 먹으러, 가기 전에
5. 1) ③ 2) 가족들에게 줄 선물을 사러 가려고 해요.
6. 수업을 시작하기 전에,
   2급 공부도 하겠습니다.

20-2 휴일

Ⅰ. 준비해 봅시다

1) ② (가: 어디 여행가요?
   나: 네, 1월 1일이어서 고향에 가요.)
2) ③ (가: 에릭 씨는 왜 오늘 회사에 안 와요?
   나: 오늘부터 다음 주 화요일까지 쉬어요.)
3) ① (가: 내일 쉬는 날이에요?
   나: 네, 5월 5일에는 쉬어요.)

Ⅱ. 읽어 봅시다

1. ④
2. 1) X 2) O 3) O
3. 1) 학교도 쉬고 회사도 쉽니다.
   2) 여행을 가는 사람이 많아서 복잡합니다.

Ⅲ. 들어 봅시다

1. 1) ① 2) ② 3) ① 4) ②
2. 1) ② 2) ④ 3) ① 4) ③
3. 1) X 2) X 3) O
4. 복잡하지 않아요?, 탈 수 있고요.
5. 1) ④ 2) 레오 씨 식당은 음식이 맛있고 값도 싸요.
6. 설날에도 바쁘군요.
   값도 싸고요.

◆ 복습

1. 대화를 듣고 대답하십시오.

1) ①
2) ③
3) 갈비를 먹을 계획입니다.

2. 다음을 읽고 질문에 답하십시오.

1) ④
2) ④

색인

어휘 색인